ケイト・フォックス
Kate Fox
山本雅男＝訳

イギリスの競馬サークル

人類学者の人間観察

The Racing Tribe:
Portrait of a British Subculture

小鳥遊書房

The Racing Tribe: Portrait of a British Subculture 1st edition
by Kate Fox

トランスアクション版への前書き

ケイト・フォックスが育ってきた環境は多彩である。まずは動物行動に関する研究。これにはデズモンド・モリスとの親しい関係が与っている。また、生物学への深い関わりのあるオックスフォード大学のピーター・マーシュなど旺盛な人びとは、馬や競馬への関心とケイトの学問的探究心とを結びつけた。そして、無限に周回を重ねるイギリス競馬の見世物を司る無数の人びと。皆さんの机上、膝上にある本書の出発点は、競馬人たちが独特な文化的風土、たとえばピッツバーグの鉄鋼労働者やガーナのココナツ農家、イラン農村の結婚を取り仕切る人びととおなじような独特な風土を形作っている様子から始まる。こうした人びとは、公認会計士や野心的な准将、高級官僚のように、見るからに重要な人びとで、それ自体が研究に値する、明確な社会集団を形成している。欧米文化の娯楽に関するカルヴィニズム的偏見（「労働者」や「道楽人」の評価と比較して）をもってしても、女王から何百万という貧民に至るまで、何にでも熱心に賭けるという現象、若手女優の結婚はどれくらいもつか、ブッカー賞の受賞者は誰か、ベルギーの選挙でどこが勝つか、そして勝ち馬と、ありとあらゆるものに賭けるこの現象を無視することはできない。

本書以前、フォックスの調査活動といえば、パブにおける暴力行為とか、男女性愛での性差、過度の飲酒者に平穏を促す有効な手立てなど広範囲にわたっていた。競馬を参与観察することになったのも、厄介な性格の馬を自身が所有していたこともあり、競馬全体が動物にたいして抱える人間の威圧的な対応を深く理解しなければならないと考えたからである。

フォックスは自信をもっていっている。自分の民族学理解からすれば、これまでの民族学が必須とし、そして今なお尊重してやまない、短パンに作業着の苦難など必要ないと。だが、遠隔の手間暇かかる土地に住む人びとを知るのに、他にどのような手段があるというのか。ところが、英国競馬公社（ＢＨＢ）から調査依頼を受け招かれてみると、フォックスはピンヒールでアスコット競馬場の王室席を歩き回るというのが、その民族学調査の服装であった。余暇の遊びに興じるイギリス人の行動――この本に登場する人たちにとっては、その遊びも、半面、労働だったりもするが――は、伝統的な調査対象とおなじように、価値ある対象である。そこで、関係者の大半が比較的裕福な人びとであれば、その誇り／俗物性といった強い価値観が反映されているだろうし、さらに、正統な政治学の基準からすれば、自分は取るに足らない組織に関わっていることになると、フォックスはいう。競馬関係者の行動やその理由を理解するのは、もちろんそれ自体、意味のあることではあるが、別の側面も有効だという。すなわち、時代や場所を越えてホモ・サピエンス、人間の原形に繋がっていくような、ひじょうにはっきりした人間類型が認められるとフォックスは捉えている。

この本は、競馬に関わる人びとと、馬たち、それぞれ立場に応じた意見、そして金について、生き生きとした、力強い、洞察力に富んだ、そして大いに楽しませてくれる報告となっている。また、地域によって競馬をめぐる習慣が違ったり、イギリスの社会階級の強い影響についても念入りに書かれている。もちろん、そこに欠かせないのは、走路を猛然と走る馬であり、この模様を詳細に語ってやまない観察の眼差しである。フォックスの観察記録は、筋金入りのファンと「スーツ」を着込んだ企業人たちの対照にも及んでいる。この企業関係者は、わき目もふらず専用席になだれ込み、多額の利益を競馬界の枢要部分にもたらしている。しかし、最後には、どうしようもなく予測不能な基本の上にいる、この複雑で神経過敏な生き物と競馬競技とにたいする感傷的で、ウェットともいえる著者の関わりを知るようになる。

各地方による競馬の違いも、もちろん、興味をひかれるが、イギリス人の下位区分に関する説明も面白い。たとえば、アイルランド競馬でカソリック教会が果たす役割についてフォックスは書いているが、これなどは教会と競馬との共生を意味しているという。というのもレース前の馬に僧侶が祝福を与える――イタリア、シエナの華麗な馬比べパリオに先立って、出走馬に祭壇の前でミサをおこなう光景を思い出す――だけでなく、ある一頭を捉え、どの馬に五ポンド投じたらよいのかを薦めるという、神意の指し示す意図と、現世利益を促すという二つの側面がある。それとともに、おそらく教会の高い権威の裁可によるものだろうか、アイルランドの競馬ファンは、「粗野で派手な行動」になれたイギリスの人びとを越えていると思われる――その才能は、チェルトナム・フェスティバルに大挙してやってくるアイルランドの人びとに、もっとも劇的に表れている。

すでに指摘したように、本書の有益なところは歓楽に焦点を当てている点である。人間の立場や力量という視点から歓楽がいかに体系化されているかを鋭く説明しているのである。広範な文化のなかのとりわけ文化的な境域、それが歓楽であるという。これはいい考えだ。一九九二年にわたしが書いた本『歓楽の追求』でも、社会の特性を測る指標をGDP(Gross Domestic Product)「国民総生産」からGDP(Gross Domestic Pleasure)「国民総歓楽」へと転換すべきだと提案した。これは、一九九八年までは、自分個人として魅力的な発見だと思っていた。というのも、この年、ブータンが国益の指標として幸福度を採り入れたからである。どこでも、生産という神への熱烈な崇拝のあるところでは、このアンバランスは揺るがない。歓楽や幸福というやや頼りない天使は、価値判断の序列では第二列にならざるをえない。

その一方、観光は世界最大の産業と呼ばれてきた。観光資源の開発や観光への歓心は、ほぼ世界規模の関心の的となってきた。いたる所で、舞台や映画、iPod、テレビのスターが時代や意識に侵入してきたし、何億人もの財布に揺さぶりをかけている。カジノだけでなくゲームに熱中し、金を賭けるのが、昔の聖人祝日のように人びとを駆り立てている。それゆえ、大型の生き物が走路を走り、はるかに小型の生き物が賭け札を手にアスコット帽子を被り、子細に検討するという、その世界の様子を理解するには、本書の出現はもってこいなのである。こうして、その世界全体が活気を帯びる明らかな証しとなっている。わたしもこの本が勝つと賭けよう。皆さんもどうぞ賭けてみてください。

ライオネル・タイガー

目次

トランスアクション版への前書き（ライオネル・タイガー）　3

はじめに――競馬ファンはどこに　11

第1部　競馬サークル

第1章　競馬ファン　41

熱心なファン　43／軽いファン　45／中毒症のファン　46／馬好きファン　47／オタクのファン　48／社交目的ファン　53／ビジネス・スーツ組　56／カップル　56／ファミリー連れ　57／グループ来場者　58／派手な一族　60／社交目的来場者の割合　62／非日常の世界（Alternative Reality）　64／村のゴシップ　66

第2章　戦士　69

本物のエリート　70／チーム・スピリットの問題　76／フランキー・ディットーリ効果　80

第3章　呪術師　85
奇跡の仕事人　86／仮面の裏　89／呪術師は情報交換しない　97
第4章　書記役　103
ひじょうに寛容な報道　103／報道集団　109／狂った報道　113
第5章　長老、族長　117
真の儀礼的な敬意　118／礼儀正しさの効果　120
第6章　罪食い人《シン・イーター》　125
オバちゃんたち　127／混沌のなかの秩序　128／プラスティックの苦難を回避する　132
第7章　馬主　135
あいまいな立場　136／馬主の法則　143／トーテム的な生き物　147
第8章　部族　151

第9章　アイルランド問題　157
馬はズバリ馬　159／鼻を利かせる　161／新しい伝統　164

第2部　仕来り、エチケット、言葉

第10章　仕来り　169
巡り巡る仕来り　170／出走表の仕来り　175／会話の仕来り　176／祝いの遣り取り　184／事後の仕来り　187／キャットウォークの仕来り　188／ゴシップの仕来り　190／仕事仲間内の会話　193／企業接待の仕来り　194／企業接待の祝勝法　199／スーツ組の巡り歩き　200／出走表を判読する仕来り　201／スポンサーのイベント　203／祖先顕彰のイベント　207／調教師の仕来り　208

第11章　エチケット　213
放埒と規範　213／謙虚の法則　218／集団的健忘症の法則　219／騎士道の法則　220／馬券のエチケット　222／馬主、調教師の礼儀　235／レース後の流儀　236／スーツ組の流儀　240／仕事の話はタブー　242／競馬人のもてなし　243／食事の流儀　245／ポトラッチ　247／合法的逸脱　248／新たな共食　249／実験　253

第12章　言葉　257
競馬場の言葉遣い　257／騎手の話法　264／メディアの話法　266／役員の話法　268

おわりに——サークルの人間になる　271

訳者端書　296
索引　306

文中の＊は訳註を示し、該当の見開きごとに付した。

はじめに――競馬ファンはどこに

人類学者というのは、遠い異郷の地、モンスーンが吹き荒れ、泥小屋やマラリアに悩まされるような土地、不快きわまる名もない土地で調査活動をするものだと思われています。男性中心の民族学では、汚濁や赤痢と無縁なフィールドワークなど相手にされません。競馬サークルに関するわたしのフィールドワーク、たとえばアスコット競馬場の王室席あたりを、ピンクの帽子にハイヒールでいくら歩きまわって観察をしても、あの炎暑と埃のなか調査をしたことのあるわたしが、その信頼感をさらに高めることにはならないのです。

ご存知のように、フィールドワークというのは対象のファンになることではありません。むしろ、対象のジャマになることもあります。少なくとも六ヵ月にわたり、汚れた環境のなか結果の見えない調査に辛抱強く耐えるのは、若い人類学者がその世界で一角《ひとかど》の地位を築くには通らなくてはならない通過儀礼なのです。このことが、おそらく隣接の学者諸兄、たとえばひ弱な社会学者や社会心理学者たちとわたしたちとの違いです。さもないと、その連中と同類、仲間だと思われかねないでしょう（そんなことあってたまりませんが)。あの人たちは、問題意識を乱発したり、安全地帯の研究室で机上の空論を振り回したりすれば、社会を理解できると思っているのです。しかるにわたしたちは、研究対象とする人びとのなかに割って入り、共に暮らし、内側から人びとの文化を学び取るのです(マッチョな社会心理学者のなかには、自ら体を張って街のごろつきやフットボールフーリガンのなかで「民族学的な」調査をする人たちがいますが、そういう事実を軽視しがちなところが、わたしたちにもあります)。

とはいえ、学者同士のややこしい関係がこの本のテーマではありません。ただ、古くからあるわたしたちのやり方が大切なことはよく分かっていると、チョッと触れておきたかったのです。ぜひいっておきたいのですが、わたしは人類学者を父にもち、この分野の訓練は揺り籠のころから始まったということ。じっさいには揺り籠ではなく、アメリカ先住民コチティ族*の背負い板で、これは父自身のフィールドワークで得た産物でしたが、赤ん坊を括りつけておくには巧い道具でした。この板を背中に縛りつけられると、ベビーベッドに寝かされ飽き飽きするよりは、世間様がよく見えるというわけです。そういえば、背負い板にわたしを括りつけ暖房器具(火はついていませんでしたが)の上に載せ、どうしたかげんんか、背負い板もろとも床に落ちたことがありました。母はそのことをほかの先生方にしどろもどろで弁解していました。そんな一件があって、母はより一層きつく紐を締めるようになりました。おかげで、ベビーベッドから天井ばかり眺めて暮らす、たいがいの赤ん坊と違って、大人たちの目の届くところで背負い板を背にしたわたしは、家族生活のいろいろな様子を観察することができたのです。人類学というのは家庭から始まるものなのです。

人類学の先生方が、コチティ族の背負い板に子どもを縛りつけたりして、いかがなものかと思ったとしても、母の頭にあったのは、ひたすらわたしの安全を考えてのこと。それによって行動観察を早い段階から始められるなどと考えたわけではないのです。というのも、母が初めて妊娠したことを父に告げたところ、父が何ていったか。「でかした！　子どもチンパンジーを授かったか。子どもはどの子も実験台として育てよう」。母はこれを拒否。ヒトや霊長類の発達比較はたいへん魅力的なテーマでしょうが、ヒトの赤ちゃんに比べてチンパンジーの赤ちゃんのほうが肉体的成長はかなり早い。それに赤ちゃんチンパンジーは紐で縛りつけたりしないから、有効なデータが集まるころには、おなじ霊長類仲間のヒトのほうは怪我したり、死んでしまうかもしれませんと主張したのです。父はしぶしぶ計画を断念。かくして、霊長類の行動や人類進化をめぐるわたしの教育はごくふつうの形に落ち着いたしだい。

とはいえ、社会人類学の理論と実践については、早いころから教え込まれました。のちにケンブリッジに入ってからは、優秀な先輩方に訓練を受けることになりました。ですから、フィールドワークの試練に耐えられないのは自分の問題だと思っています。課題はまことに単純で、毒虫やら粗末なトイレ、ぞっとするような習慣、もどしそうになる食事等々に腰が引けたりするからです。フィールドワー

＊コチティ族＝ネイティブ・アメリカンの一族で、アメリカ、ニューメキシコ州に居住。

クは、どこか、室内トイレがあってカップチーノを優雅に飲みながらしたい、ですね。

こうした異端的な振る舞いで破門されるまえに、ぜひともいっておきたいのは、競馬サークル研究のフィールドワークも、アフリカの現地で活動する正統派の民族学者とまったく同じだということです。つまり、対象とする人びとの生態や文化に関するデータは、伝統的で手間暇かけ、骨の折れる観察法や聞き取り、ガイドや通訳などの助けを借りておこないます。一方、文献調査は、人びとの歴史や経済構造、使われている言葉などといった背景説明となります（たいして役に立ちませんでしたが）。フィールドワークでえた情報は分析にかけ、そこから仮説を立て、検証、確認をおこないます。今回のわたしの調査が、気心の知れた環境でなされたということ――羊の目を食べたり蛇除けのブーツを履かなくてよかったということ――は、仲間内では、わたしへの信頼感に影響したかもしれませんが、その調査内容にはいささかの疑いをもたせるものではありません。ピンクの帽子やシャンパンなど、民族学の真面目一筋のお堅い通念からすれば、やりすぎかもしれませんが、まあ、わたしの知る限り、方法論の欠点とはならないでしょう。

学者仲間では、この学問的有効性に難癖をつけるより、ひじょうに楽しい調査にどうやって諸経費をねん出したのかに関心があるはずです。学問研究の調査助成について、ふつうの資金源――公的機関、学術基金、研究機関など――なら、競馬サークルの社会行動などといった、どうでもいいようなテーマに資金など出してくれないでしょう。人類学の学術基金でも、このような研究は「正しい民族学研究」とは考えてくれませんでした。ただ、ほかの社会科学系の助成機関では、反社会的な人間行動――暴力、フットボールフーリガン、飲酒、そのほか反秩序行動――といったテーマなら資金援助する傾向があります。まあ、これらは面白くもない時と場所で起こるものですよね。

わたしも、これまでの研究生活のほとんどを暴力や飲酒による反社会行動に関わってきましたから、このことはよく分かっています。競馬場での調査をやってみたかったのは、夜中の二時にいかがわしいナイトクラブの用心棒にインタビューしたり、ガソリンスタンドの店員向けに暴力的な客や武装強盗の対処法を作成するより、はるかに面白そうだったからです。同僚のピーター・マーシュ博士と一緒に、暴力防止と対処について六本ほどのビデオと訓練教本を作ったことがありました。これは、パブ経営者、商店主、ブックメーカー*の店長、用心棒といった人たち向けです。それと並行して、いろんな社会不適合行動についても調査を進めました。これらも、もちろん好きでやったからではなく、ふつうのまともな人間の行動を調査する研究資金はなかなか獲得できなかったからです。

じっさい主に研究対象とする、厄介な問題行動については、研究されつくしているのです。たとえば、フットボールファンの行動研究など、いやというほどやられてきました。競馬ファンについても「パドックになだれ込む」とか、過激な行動をするとか、レース結果の裁定に不満だと採決委員に暴言を吐いたり、お手製ミサイルを撃ち込むなんて、大学や研究機関も待ってましたとばかり、その

＊ブックメーカー＝賭事引き受け業。あらゆる事象にオッズを付け、それを提示して賭事を引き受ける。全国に路面店を展開する大手から個人経営まである。

行動分析と理論化に乗り出すことでしょう。ところが競馬ファンはじつにお行儀良くて、そういう関心を満足させない。ために社会科学系からは無視されっぱなしなのです。

この社会が無くしたがっている行動の調査に、莫大な資金と膨大な時間が投入されている一方で、奨励したいと思われる行動研究には金も努力も払われていないのです。たとえば、フットボール・リサーチセンターやモンフォール大学*、そのほか無数の社会科学者、行政機関、プロジェクトチームなどが強い関心をもって調査しています。フットボールファンの調査が進みすぎてしまったので、おなじ分野でも理論的な立場が異なるだけで、資金を獲り合ったり、狭い仲間内だけで議論を戦わせている状態なのです。しかるに、競馬ファンについては、あまり目立たない人類学者の、それも余技のような関心を引いているだけなのです。これは、いささか不公平といえましょう。

社会科学の、偏った、そして難題のあるところにばかり関心を向ける傾向に、わたしたちはかねてより不満を抱いてきたわけですが、それが社会問題リサーチセンターの開設につながりました。この機関は、社会的不適合とか逸脱行為へ焦点を合わせるというより、人間関係の積極的側面の研究とか、善き行いの調査などに特化した組織です。世の中を改善しようとか、善き行いとかの研究により、暴力や騒乱は、日ごろの食いぶち仕事から離れ一息つくときに起こるということが分かりました。気持ちのいい場所で仲の良い友達と時を共にする、かくして競馬場に行くと。とはいえ、わたしの競馬ファンの研究が、ひょうたんから駒のように始まったことは白状しなきゃいけません。もとは、パブにおける暴力というテーマを追いかけていたのが遠因なのです。

さるところから、新たな調査依頼を受けたのがきっかけです。「パブマスター」というパブを運営する会社が、パブ内の暴力沙汰やそれに関連する諸問題に取り組んでいたわれわれに関心をもち、働き手の確保やどう研修を施すか、科学的な専門的判断をあおぐ必要を感じたわけです。調査を始めて数日後、ある日、競馬に招待されました。わたし自身、乗馬はしますし、馬が好きですから、テレビでレースをしょっちゅう見ていました。ですが、じっさいに競馬場に行ったのは初めてでした。競馬についての知識といえば、ディック・フランシス**を読むのがせいぜい。美しいサラブレッドが走る姿に期待をふくらませながらアスコット行きの列車に乗ったのです（ロイヤル・アスコット***ではなく、ごく通常の春開催でした）。ただし、馬に夢中になりすぎないようにしようと気は遣いました。というのも、新しい依頼主から招待されて、周りの空気が読めずに気分を害させるんじゃないかと思ったわけです。でも、わたしにとっては馬が主たる関心ですし、周りの雰囲気など眼中に入らなければいいだろう、と思ったのです。ところがです、競馬場に着いて一時間もしないうちに、馬のことなどすっかり忘れ、周りにいる観客たちの行動にすっかり魅了されてしまったのです。

＊モンフォール大学＝イングランド、レスター市にある市立大学。
＊＊ディック・フランシス＝一九二〇―二〇一〇。競馬の世界を題材に数多くの作品を書いた小説家。
＊＊＊ロイヤル・アスコット＝アスコット競馬場で毎年五月に開催される。王室一家が臨席されることで有名。

入場門を抜けただけで、周りの群衆に、理由はなんだか分かりませんが、何かただならぬものを感じたのです。もっとも、そのときは、パブ会社が用意してくれた招待会場を見つけるのに夢中で、さっと案内をかって出てくれた競馬ファン二人の、この上もない親切にはただただ感動しないわけにはいきませんでした。じっさい、招待席の階段を上がりながら、一分くらいか招待状にあった地図に頭をひねっていたら、こちらから訊いたわけでもないのに、二人の競馬ファン（見たところ、年配の男性と息子さんだったでしょうか）が、さっと駆け寄ってきて、案内を申し出てくれたのです。

招待してくれた主催者の人たち、またほかの招待客いずれも、とても気持ちのいい人ばかり。そして、競馬場では個人がどこを歩き回ってもよいこともじき分かりました。といっても、パドックでは出走馬をよく観察してから馬券を買うのが自然で、人びとの行動を調査するなんてことはしないものなのです。しかし、このときのわたしは、自動機械のようになってしまい、人間観察の本能が疼き、フィールドワークモードになっていたのです。この人びとの群れには何か違う、独特なところがある。いったいそれは何だろうか考えなくてはならないと思ったわけです。

時間はかかりませんでした。熟練の観察者なら、おそらくすぐに分かったでしょうが、わたしでも、一五分もしたらどうなっているのか分かったくらいです。周りの人たちはふつうの群衆のようには行動していないということだったのです。不特定多数の、見知らぬ人びとが集まったときによくあるような、互いの目を合わせないという人間がいなかったのです。競馬ファンは互いにアイコンタクト、競馬ファンは互いにアイコンタクトのとき群目の会話を楽しんでいるように見えました。見るからに他人同士の人間が、アイコンタクトのとき群衆のなかではお定まりの、すぐに目を逸らすなんてことをしなかったのです。目が合ったとき、微笑み返すというのがここにいる人びとのよくある反応でした。

パドックの柵ぞいを歩きながら、周囲を観察したり、耳をそばだてたりしました。そして、まったくの他人同士が会話を始めるような光景も見ました。これは、まったくもってイギリス人らしからぬ行為です。これまでの経験からいって、完璧な他人が会話を始めてもいいと感じる唯一、公衆の場面は、パブのカウンターだけです。これは、人びとの社交性を考える「リトマス試験紙」になっていました。つまり、他人同士が会話を受け入れる度合いを測る、計測器のような機能があるということ。イギリス人同士で、もっとも社交的な場所とわたしの記憶にあるなかで、パブカウンターに比肩するところは他にはないということです。パブでも、ほかの場所は計測上グッと落ちます。パブの流儀について調べてみると、カウンターから離れた所は、「私的な」場所と考えられていることも分かりました。つまり、カウンターで話をするのと比べて、テーブルに座っている人に近づいていくのは、あまり受け入れらないということです。ところが、競馬場では、見知らぬ者のあいだで友好的な交歓がいたる所でおこなわれているのです。スタンドでも、パドックでも、そして馬券売り場の行列でも、人びとの交流が見られます。

わが信頼すべきパブカウンター理論は見事に崩壊。本や新聞の記事にでも書いたら、笑いもののタネにされたでしょう。でも、気にはしません。なにしろ、いまやわたしの関心は競馬場の観察になっていましたし、席を離れ招待客らしい義務を果たさないで責められる前にちゃんと戻っていましたから。けれど、見知らぬ人とアイコンタクトしたり、微笑みかけたり、二言三言、言葉を交わしたりして、新理論をいそいで立て始めました。

「二時三〇分のレース、どれが本命だ?」パドックを歩き回っていると、この手の言葉をなんども耳にしました。そこで思ったのは、そういう言葉はいろいろな言い方はありますが、パドックの周りにいる人たちにとって、ある意味、「口切り」のようなものなのじゃないかということでした。周りを見渡して、一人でいる男性客は除いて、二人連れの女性とか、二〇代の賑やかなグループ、子ども連れの家族などにチョッと話しかけてみました。統計的に有意味なサンプルというわけではありませんが、わたしの試験的な観察が間違っていないと確かめられました。ほんのわずかなサンプルでも、見知らぬ他人同士で交わされる遣り取りに、驚くほど例外はなかったのです。みな誰もがニコニコし、二時三〇分のレース出走馬について、わたしと喜んで会話してくれたのです。賑やかな若者グループなどは、出走表の見方をご丁寧に説明してくれましたし、子どもの一人など湿気たポテトチップスを差し出してくれました。

時計を見ると、招待してくれた主催者の気を損ないそうになっていたので、急いで招待席に駆け戻りました。その間も、大都市や小さな村でのアイコンタクトの様子と、わたしの今回の観察結果とを思い出していました。正確な発見頻度は分かりませんが、競馬ファンの場合は、小さな村のそれに近いことは確かです。つまり、ほとんどの人が互いに話したことはなくても顔見知りだという、ひじょうに緊密度の高い共同体にしか起こらないような現象だということです。ここにいる数千という来場者は、ふつうの烏合の衆とは違う行動をする。小さな親しげな一族のように行動していたのです。

とはいえ、アスコットがこじんまりした小規模の競馬場というわけではありません。ロイヤル・アスコットなど大きな開催のときには、大群衆が来場しますが、それを収容するだけの規模はそなえています。それだけに、通常の開催日などには、閑古鳥が鳴いて、声が響き渡ることもままあります。わたしが行ったこの日も、霧雨の降る、ジメジメした暗い日でした。ところが来場者は、そんな空模様など一向にお構いなし。小さな村や親族一同のような親密さをいかんなく示してくれたのでした。

帰りの列車のなかで、にわかに思ったものです。競馬ファンの尋常ならざる社交性（人との付き合い方、接し方）に気がついたのは、おそらく、わたしが初めてではないでしょう。こういうテーマで博士号を取った社会心理学者や人類学者が競馬場にもウジャウジャいるに違いない。珍しいテーマに関する学界の対応については、「どこかに本があるはずだ」と思ったので、社会文化的な競馬論というキーワードで調べ始めました。調査報告、書籍、雑誌論文、あるいは図書館、書店、オンラインのデータベース、書籍目録なども見ました。さらにスポーツ紙や競馬雑誌のバックナンバー、全国紙の競馬コラムなども。社会問題リサーチセンターにある思いつくかぎりの資料なども、競馬ファンの社会行動に関してすでに公になっていそうなありとあらゆる記事類なども検索しました。

ところが、資料調べはまったく暗礁に乗り上げてしまいました。有名騎手や調教師、ロイヤル・アスコットの帽子などについてなら両手に余るほどなのですが、それを除けば、競馬界の文化や習慣、社会変動論といった事柄について、いっさい情報を得ることができなかったのです。不毛な検索にはグッタリしましたが、これは、ひょっとすると素晴らしいチャンスになるのではと思い至ったのです。つまり、未発見の部族、未開拓の処女地、失われた文明、いまだ人間が踏み入れていない分野ではないかと思ったわけです。

ただし、壁がありました。たしかに社会問題リサーチセンターには資金はありますが、フィールドワークにはとにかく金がかかる。だれか必要な経費を喜んで提供してくれるところでもないかぎり、テーマがいくら面白く重要であっても、新たな研究には着手できない。いったいだれが、目立った反社会的兆候でも見せるでもない、スポーツのサブカルチャーに資金援助しようという物好きがいるでしょうか。暴動もなければ、騒乱も、鉄道妨害も、ファン同士の衝突もないのです。街のあちこちで見かける落書きさえ見たことがないのです。ともあれ、内務省や経済社会調査理事会も期待できません。

競馬業界はどうだろうかと考えました。どこのだれに掛け合えばよいのか、まったく分かりません。でも、たとえ分かったとしても、「おたくには問題があります。解決のお手伝いをすることができます」などと、いつもの言い方で近づくことなんてできません。わたしたち専門家がアドバイスできる領域――暴力、犯罪、騒乱、クレーマー客等々――といった点からいえば、競馬ファンに問題などどこにもないのは明白でした。

そこで、競馬について、それまでに集めたメモ類の山に戻ってみたのです。ようやく分かったのは、競馬業界には一つだけ課題があるということでした。ようするに、競馬について一般に広まっているイメージは、わたしが見た現実とは一致しないということ。友人・知人との話を含め、さまざまな点からみて、競馬は上流階級の高級なスポーツと一般には思われている。競馬場も「上流人士」が支配するところ、ないし「上流人と下層人」のあまりぱっとしないバランスが広がるところと見られている。そうは口にしない人も、競馬はギャンブルの対象でしかないとか、競馬場も怪しげなブックメーカーや賭博常習者が徘徊する、好ましからざるところと思っているようでした。競馬場にたいする、こうした一般のイメージは、自分が出会った、親しげで人好きのする人たちとはまったく無縁のものです。人びとは年代や階級の違いを越えて、友好的かつ穏やか、どの人もごくごく少額を「楽しみだけのために」賭けているのでした。

競馬ファンについて、ほんの入門的な観察だけでも、競馬への否定的な一般のイメージが的外れであることを示していました。さらに調査すれば、一般の誤解をただすことは間違いない。パブの風景や文化について、人類学の一般書を何冊か書いたことがありましたので、競馬産業についても調査を進められれば、お役に立てるだろうと考えました。

とはいうものの、この競馬産業とは何か、そもそもそういうものが存在するのか、あったとしても人類学的分析が必要なのだと、どう説得するか、かいもく見当がつきませんでした。こうした難題には、「難しいって、どれくらい?」と、いつものようにどうしようもなく楽観的で、つぎには「どっかに本があるはずだわ」が来ます。しかし、この度ばかりは、そういう選択肢はありません。かくして、またぞろ怠慢。「知っている人がいるに違いない」。かくするうち、あちこち訊いて回り始めました。

その結果、トート*（Tote）のマーケティング・ディレクターをしているピーター・ドウという人にたどり着きました。まずはピーターのところに行き、興味をそそるような観察話をし、どこに持ちかけたらよいか訊いてみました。すると、競馬にも人類学は多少必要かもしれないと同意してくれて、英国競馬公社**（ＢＨＢ）に調査協力者として掛け合ってみてはどうかとアドバイスをくれました。そして、ＢＨＢのマーケティング・ディレクター、リー・リチャードソン氏を紹介され、会ってみると、この人が新奇で横紙破りのアイディアに柔軟な人物だったのです。イギリス競馬にはデズモンド・モリス***的な「マンウォッチング」の視点が必要だ。すなわち競馬場の文化、習慣、社会動態学的な分析、解読の調査が必要だと、こちらの意図と完璧に一致したのです。

　ここで、正直に告白しておかなくてはいけません。自分の競馬体験といえば、アスコットでほんのわずか午後のひとときがすべて。なのに、その事実をぼやかそうとして、ディック・フランシスから拾い読みした断片知識や、競馬新聞からとった隠語などを散りばめ、調査の提案や話全体を味つけ、ＢＨＢやトートとの折衝中、競馬知識に多少はったりを利かせていたのです。でも、だれも騙そうとしたわけではありません。どなたも優しくて、こちらの奮闘ぶりを笑ったりしませんでした。その後、ミーティングや議論を重ね、ファックスをやり取りしたりして、必要な資金の提供を申し出てくれました。デズモンド・モリス自身の推薦も、おそらく決定打になったでしょう。これには心から感謝しています。

　かくして、一九九六年のダービーでシャーミットが勝った、そのゴールポストにわたしも立つようになりました。もちろん、シャーミットのダービー制覇をじっさいには見ていないのです。エプソム競馬場で、そのほかのレースも、わたしが見ていたのは観衆の方でした。

プライドある一族なら、どこでも人類学者の一人はついているはずです。この需給関係、すなわち一族と人類学者の関係というのは、荒野の泥小屋に住まう一族なら、いまや数人の人類学者が張りついているほどなのです。同僚から聞いた話だと、典型的なナバホの家族構成は、父親、母親、子どもたち、母系の祖父母それに人類学者四名ということです。その段でいけば、いまやわたしは競馬一族の公式人類学者といったところです。そう思ったのは、リー・リチャードソン氏がジョッキー・クラブ****の友人にわたしを紹介したときに、「こちらがケイト。わたしたちの人類学者です」と話したからです。

そのさいの、まことに事務的な声の調子が、会計係とか法務担当とおなじような感じで、人類学者と呼んでいたのです。ジョッキー・クラブの著名なメンバーは、人類学者など何者かと無関心なところはさらさらなく、微笑みながら握手し、答えたものです、「おお、人類学者ね、素晴らしい。すて

＊トート＝Totalizator の略称。ブックメーカーとは異なる方式で賭事をおこなう。
＊＊英国競馬公社＝British Horseracing Board。ジョッキークラブから役割を引き継いだ統轄組織。現在は British Horseracing Authority（BHA）「英国競馬統轄機構」がその役割を負っている。
＊＊＊デズモンド・モリス＝（一九二八—）。世界的に著名な動物行動学者。邦訳多数。
＊＊＊＊ジョッキー・クラブ＝競馬の世界で初めて一七五〇年頃創設されたイギリスの統轄組織。その後、各国のモデルとなった。

きだ。頑張って」と。

このやりとりは、ウィンザー競馬場での出来事でした。競馬サークルの複雑なカレンダーを詳細に調べ、開催に合わせて慎重に組み立てた行動表の第一歩がウィンザーだったのです。勇猛果敢な同僚が研究対象にする部族には、どこにも独特な時間観や行動歴、季節感があって、たいがいはわれわれの日常とはまったく異なっています。これから取り組もうとしている競馬界も例外ではないことを知り、嬉しく感じました。競馬界の一年は二つの季節に分かれます——ふつうは四つの生活習慣ですが——。サークルの用語でいうと「平地シーズン」と「障害シーズン」*。とくに後者は「ナショナルハント・シーズン」といいます。この二つは、かぶっているところもありますが、季節の「夏」と「冬」にほぼ対応しています。それぞれのシーズンには、独自の特別開催、フェスティバルがあって、これも調査対象にしなくてはいけません。ですが、調査日程を組むうえで心得るべきは、さまざまな形の競馬場があること、代表的なレース、開催、たとえばロイヤル・アスコットとかチェルトナム・フェスティバルなど**、さらに地方の小さな競馬場や草競馬のようなレースまでを網羅することが重要だということです。社会行動学からすれば、マッセルバラ競馬場の雨の月曜日も、ダービー、グランドナショナルもいずれも興味津々、情報満載なのです。

民族学の本などを読まれた方はご存知でしょうが、この手の本には、調査対象とする部族の行動範囲を示す地図が載っています。発音が分からない地名なども入っていたりします。今回のフィールドワークで、全国の競馬場地図を作ってもらいました（当時を懐かしんで、いまも書斎の壁に貼ってあります)。次の頁にある地図もよくあるイギリスの地図とおなじ形をしていますが、つけた印と地名はすべて競馬場のあるところです。地名についている記号は「平地専用」「障害専用」そして両方混合を表しています。この地図には大都市も入っていません。ロンドンもありません。ケンプトン競馬場、エプソム競馬場、サンダウン競馬場、ウィンザー競馬場などの位置から推定してもらうしかありません(サークル関係者に首都が抜けてますと指摘したら、そっけない調子で答えたものです。「そうね、自分で見つけてもらうしかないね。たしかケンプトンの近くだったなあ」)。これがイギリス競馬人の感覚なのです。

競馬場のフィールドワークは外部観察(「見ること」の学問的用語ですが、違いは、何を見るべきなのか数年の訓練がいることです)、参与観察(学問的距離を保ちながら関係者の一員になって観察すること)、聞き取り(習慣や行動を理解するため、たえず好奇心をもった質問をして関係者を悩ませること)、この三つの方法を組み合わせておこないます。人類学者の本や学会誌、学会通信などで、参与観察の役割については、人類学者自身が説明に苦慮しているのを吐露しています。とくに研究対象にしている共同体、組織について、研究者が学問的に「客観的」でありえるか、あるいはそれが必

*「平地シーズン」と「障害シーズン」=イギリスでは主に夏に平地のレースが、冬に障害レースがおこなわれる。
**チェルトナム・フェスティバル=正式には Cheltenham National Hunt Festival。チェルトナム競馬場で毎年三月に開かれる障害レースの花形週間。

イギリスの競馬場

平地専用
障害専用
両方混合
パース
ハミルトン
マッスルバラ
エア
ケルソ
ニューカースル
ヘクサム
カーライル
セッジフィールド
カートメル
レドカー
カタリック
サースク
リポン
ビバリー
ウェザビー
ヨーク
ヘイドック
ポンティフラクト
エイントリ
ドンカスター
マーケットレーズン
チェスター
バンガー
サウスウェル
ユートクシター
ノッティンガム
ファケナム
ウォルヴァーハンプトン
ヤーマス
レスター
ラドロウ
ハンティンダン
ウースター
ウォリック
ニューマーケット
ヘリファド
ストラットフォード
エフォスラス
チェルトナム
トウスター
(現在開催なし)
チェルムスフォード
チェプストウ
ウィンザー
バース
ニューベリー
ケンプトン
アスコット
ソールズベリー
エプソム
サンダウン
リングフィールド
トーントン
ウィンカントン
グッドウッド
プランプトン
フォークストン
(現在開催なし)
デヴォンアンドエクスタ
ブライトン
フォントウェル
ニュートンアボット

＊2021年3月現在

要なのかという問題。それから、参与観察者が異文化にたいして「真に内部者のような」理解ができるのかといった問題があるからです。こうした問題意識は、かつて（人類学者が、伝道師に比べればまだ、無視や偏見が少なかった昔日のころ）未開の地に足を踏み入れた研究者にありがちの傲慢な自己満足を改善する一方、自分を責めたり、重箱の隅をつついたりする近頃の流行も、難題の解決に繋がっていかなくてはならないでしょう。

こういう、どうみてもうんざりする土俵上の議論に関わろうとは思いません。民族学者が完璧に客観的になることは、おそらくできません。また、真に「内部者」の視点をもつこともできません。また、この二つを同時に成し遂げることも、おそらく難しいというのがわたしの研究法です。ただ、最善を尽くすしかありません。とはいえ、このなんとも味も素っ気もない姿勢では、民族的課題や方法論について根本的な解決にはなりませんが、二つだけ利点はあります。ひとつは、さいきん見た博士論文。くだくだと四章も割いて書いていましたが、わたしなら、問題ぜんぶをパラグラフ二つもあれば扱えます。ふたつめ、ぞっとするような失態を犯した（合理的とはいえない思い込みか、内部関係者の視点を捉えそこなったせいか、いずれか）とき、後悔で固まってしまうのではなく、「あら、まあ」といって先に進められる利点です。

人類学は厳密性を究める学問ではありません。民族学者は一般の人たちとおなじように間違いを犯します。それを認めつつも、かすかな学問的客観性を捉え、内部者の見方を勝ち取る手立てはたくさんあります。わたしの目論見としては、競馬サークルを基本的に理解するのに、参与観察として一年はその文化に浸らなくてはならない。そして、学問的に、公平に考えようとすれば、物事を体系的に進めなくてはいけない。そのためには、まず第一に、典型例となる競馬場を選び、いくつか開催に深く関わって、徹底的に調べること。どこの競馬場にも、入場料の異なる三つの区画があります。関係者はこれを「メンバー席」「タタソールズ席」「シルバーリング席」*と呼びます。したがって、開催日にそれぞれの区画で調査することが肝要。それから、あまり立ち入れない領域での観察調査もあります。たとえば、馬主席、調教師席、検量室、報道席、接待席、判定委員席、開催委員席などです。聞き取り調査は、馬主、調教師、騎手、厩務員、メディア関係者、開催委員、裁定委員、発走委員、その他の職員にたいしておこないます。一般の来場者はもとより、バーの従業員、食堂のスタッフ、ブックメーカー、トートの会計担当、保安員、トイレの清掃員等々も聞き取りたいと考えました。

時間のあるかぎり、あちこちの開催地を回り、レース後には周辺にあるパブやホテルなどで観察に努めました。というのも、それぞれの地域――しかるべき島や谷、オアシス等々――は「独特の風土をつくる」といわれることを知っていたからです。つまり、どんな地域も、それに接する周辺地域とはまったく異なる風土があると分かっていました。競馬場も独特な「社会的、地域限定風土」を作っていて、それは気楽な明け透けさときわ立つ上品な振る舞いとの絶妙なバランスを特長としています。このようなバランスを他では見たことがありません。だれでも、そのどちらかは目にすることもありますが、この二つは、ふつう水と油のように反りが合うものではありません。つまり、遠慮など捨てて ざっくばらんに話をするか、あるいは慇懃無礼なほどに丁寧で礼儀正しいか、どちらかでしょう。

この二つを同時におこなう、あるいは目にするなんてことはない。わたしは、鉄道やバスで行く競馬ファンを付けていって、競馬場を出てからもこの「社会的、地域限定風土」の空気を体現しているか確かめようとしました。あたかも宇宙飛行士がカプセルに乗って宇宙空間に出ても、地球の気風を帯びているか確かめるような感じでした。

鉄道やバスを使って調査活動をするというのは、なんともやむをえない方法でした。わたくし、クルマの運転ができないのです。さりながら、今回の調査では、運転できない欠陥もさほどハンデではありませんでした。周囲がにわかに運転を申し出てくれたからです。同僚、友人、親類と、みなそろってレースに行ってみたいと言い出したのです。みんなには、自由通行証と引き換えに、運転手だけでなく調査補助の役目もやってもらうことにしました。そして、皆々、追加の指示にも素直に従ったのです。「ここからずっと一般席まで行って、周りの人たちに目で挨拶して、帰ってきたら、どれくらいの人たちが微笑み返したか報告して」とか、「まったくの他人を捕まえて、三時三〇分のレースは、どれに賭けるのか訊いてみて」とか、「馬券売り場の列に並んで、ほかの女性たちが、どれくらい買ってるのか調べて」と指示したのです。こういう風に友人たちを図々しく使うことで、観察を確実にす

＊「メンバー席」「タタソールズ席」「シルバーリング席」＝イギリスの競馬場の一般席はどこも三区画になっていて、それぞれ入場料が異なる。「メンバー席」はゴールポストに近いところにあって、かなり高額。競馬場の役員などはまた別の区画。

るし、かつ競馬ファンの行動に関する持論を補強することができました。

わが同僚で、もっとも仲が良いピーター・マーシュ博士は見るからに偉丈夫で、こういう使い走りは頼めない。そのうえ、社会心理学者で、わけのわからない実験に操られるのはバレてしまう。ピーターは、はるかに経験豊富で、この分野での専門家でもありましたが、わたしの企画に「割り込んだり、自分の観察や持論を差しはさんだりして、状況を混乱させることはないだろうとは思いました。自分でも、群衆の研究よりは競馬の研究のほうに興味があるとはっきりいってました。これが、学者として控えめな礼儀などでないことは、勝ち馬予想がことごとく的中していたことに現れていました。

ピーターが調査に関わることを拒んだのには、はじめムッとしましたが、たんなる競馬好きだという点に利点のあることがすぐに分かりました。ようするに、参与観察者ではなく、真の参与者だということです。参与観察者の問題は、二つの要素が両立しがたいということです。たとえば、すでに述べたように、ダービーでシャーミットが勝ったのをわたしは見ませんでした。そればかりか、ほかのレースもワクワクするゴールシーンをじっさいに観ていないのです。ゴールポストのところにいながらです。というのも、レースと観衆、双方を同時に観るなんてできないからです。群衆の行動や反応を見たかったら、レースに背を向けて、スタンドの方ばかり目を向けなくてはいけないからです。長年、馬のことは好きでしたからこれは難しい。それと、馬券を買っていたら、レースから目を離すなんてできません。この二ポンドがどうなるか、その衝動には抗えないでしょう。三レース目になって、馬券はやめ、人間の方に集中しなければ、調査は進められないと、つくづく思い知ったしだい。それよりも、勝ち馬的中にほとんど向いていなかったのです。自分はデズモンド・モリスにはなれないかもしれませんが、競馬紙を解析するよりはボディランゲージを解読する方がはるかに得意だと分かったのです。

アメリカ人が、日ごろ、内なる幼児とどう付きあっているかご存知でしょうか。今回の調査中、このことがわたしにも起こりました。カリフォルニアの心理療法士なら、わが内なる参与者が内なる観察者と激しく戦っていると分析したでしょう——そして観察者が参与者に打ち勝ったのです。学問的に必須とされる、対象から距離をとる姿勢は取り戻せたのですが、さらに重要な「内部者」の視点、サークル人の視点はどうしたらよいものか。

このとき分かったのは、ピーターがまごうかたなき参与者だということ。とくに馬の戦績や破格のオッズについて、関係者に交じって口角泡を飛ばし議論する、その才能がみるみる伸びてゆく様子をまえに、それはあるべきバランスを生んでいるのだと分かったのです。人間観察にピーターを引き込むのはさっさと諦めて、むしろ、初心者から経験豊かな競馬ファンへと変貌してゆく姿を観察しはじめたのです。その間、ピーターの方は、こちらが知りたがっていたことをつぎつぎに学んでゆく。ピーターは賢明な人です。状況の隠れた要素を、ごく自然に理解し、容認できることとできないことを見分けるのです。こちらはただそれを眺め、ときに他愛ないことを訊くと、馬券を買うときの流儀やファンたちの無意識の行動、ことにショボい男たちの振る舞いについて集めてきてくれた「内部の」情報を片っ端から書き留めていたのです。その種の情報は、わたし一人では集められないものです。

わが卓抜なる同僚は、しかし、奥様方やアフリカのフィールドワークから帰還した研究者たちの案内役に回ってしまいました。もっとも、研究者たちが出走表に首っ引きになっているあいだにも、競馬サークルの見逃せない秘密を、まあ偶然でしょうが見つけてきてくれたりもしました。ピーターは、そうした生きた情報をもたらしながら、懐の方は勝ち馬をしっかり当ててカラにすることがありません。それに、こちらが開催委員を追い回したりメディア席を覗いたりしているあいだ、何時間も勝ち馬作戦を練っていて、置いてけぼりを食った不平の一言もいいませんでした。

競馬ファンの面白い行動で、たまたま見つけた例をひとつあげましょう。レース最後の瞬間、ファンの行動を見ようとスタンドの方を振り返って、観察していたのです。そのとき、ファンたちは同情したような顔をして、わたしの肩をたたき、「よう、あれに有り金ぜんぶ賭けちゃったのかい?」と声をかけてきたのです。はじめは、赤の他人がこのわたしに何をいってるのか考えもせず、あいまいに笑って頷くだけでした。二度目、これは偶然じゃないと分かって、声をかけている人に何ですかと訊いたのです。分かりました。競馬ファンのボディランゲージでは、レースの最後にコースから背を向けるのは完全な負け、賭け金をスッてしまったという意味なのです。ようするに「見ていられない」という仕草で、手で目を覆うのとおなじ、多少大げさではありますが、困惑、失望のサインなのです。こういう仕草はレースに熱心なファンに多く見られますが、もちろん、気弱な馬主でも持ち馬の走りは見ていられないものですね。

こういうことを知ってからは、同情されるのは聞き取りに格好の機会と思い、状況を活用するようになりました。「有り金ぜんぶ、賭けちまったのか？」ときたら、返答の幅を広げて、相手の態度とか何かほかに出るか、会話を続けられるよう考えたのです。あるときなど、スタンドのあちこちで勝どきのダンスが起こり、それに見とれていたせいで、「金額？　いや調査してまして」とうっかり本音を口にしてしまったこともありました。その人は興味をそそられたようで、内容のある話になりました。終始、ふつうの来場者のようなフリをしていましたし、聞き取りの相手も自分が被検者になっているとはツユほども思っていませんでした。

とはいっても、いつまでも「見せかけ」を続けるつもりはありませんでした。たいていは、調査しているとはいわないで、ただお喋りだけでも意味があり、注意はつねに相手に向けていました。なかには、学者が人間観察していることに首をひねったり、身構える人もいましたが、ほとんどは、ピンクの帽子を被った無邪気そうな女の子と自由に話せて喜んでいました。こういう調査法というのは、予断や仮説に汚されていない、自然で正直、素直な反応を引き出すことが多いのです。ただし、欠点もあります。テープレコーダーや調査票、ノートその他、通常、フィールドワークするさいに使う道具の助けなしに完遂しなくてはならない。記憶に頼ったり、聞き取り中、出走表の余白に走り書きしたメモに頼らなくてはならないというわけです。ファンの方も、自分の出走表に印やメモを書き込んでいるのは知っていたので、こちらの書き込みも、じつは出走馬や騎手のことではなく、研究者の行為だとは気がつかないだろうと思ったしだい。

（わたしが場内を歩き回って、ファンたちの些細な癖や行動を記録しているなと奇怪に思う方がいたら、学者の考えていることを知っていただきたい。最近、顔を出したある学会では、一人の研究者が調査結果をプレゼンしていました。それは、フットボールファンに心拍数を測る機器をつけて、試合中の心臓の拍動を取るという調査でした。声援や応援歌《You'll Never Walk Alone＝もとはミュージカル『回転木馬』に由来し、のちにリヴァプールFCの応援歌になった》を歌うさいの鼓動の状態を採り、それを一連のグラフにしたものでした。

その実験が何を目指していたのか、また、そこからどのような結論を引き出せるのか、はっきりしませんでしたが、出席している人だれもが興味をもったようでした。ですが、わたしもパブで長時間ストップウオッチをもち、じっとしている姿が有名になっていました。何を計っていたかというと、外国人が、イギリスのパブではウェイターがおらず自分でカウンターに行き飲み物を買わなくてはいけない、ということに気がつくまでどれくらいかかるか、計っていたのです。はっきりした理由もない、些末な人間行動を調べたり、計ったりしたがる、かかる抑えがたい欲望というのは、学者をたえず悩ます奇怪な心理的障害なのでしょうか。さもなければ、止めるべき夢想を追いかける悲しき人間類型なのでしょう)。

しかし、自分のしていることを正直にいうのが大事だというときもありました。もっと聞き取りを続けたいとか、もっと掘り下げたいとか思うときです。ちなみに、ヘンなことをたくさん訊いてみたとしましょう。初心者のファンはまごついて、首をかしげる表情をするようになります。そういうとき、男性の被検者の場合、こちらが単なる世間話をしてるのではと直感して、いそいで調査内容のことを簡単に説明することがありました。

ほかの現場でも、このような方法を使ったことがありますが、競馬場という「社会的局所風土」――気軽な慎みととび抜けた行儀のよさとの独特なバランス――は、この仕事をいつもより容易なものにしました。研究者仲間は、わたしのことをメチャクチャ幸運だと評したものです。よく訊かれました、「どうやって被検者を見つけてきたんだい?」「そうねえ、わりと難しくないのよ。ホント、まごつくことなんかないのよ。たいていは向こうから近づいてきて、話しかけてくるし。チョットでもまごついた顔でもしようものなら、向こうの方が先に気がついてくれるわ。そうねえ、自分から被検者になってくれるっていうのかしらねえ。ホント」

こういう、あまりにも学問的とはいえない説明には、仲間の反応もおなじように学問的とはいえない言葉が返ってきます。「へえー、そりゃうまいことやったじゃねえか」

競馬界の地域限定風土にある好都合なところは、心理学者なら「肯定的情動」と呼びそうな、ファンたちの態度です。陽気で親切心にあふれた態度こそ、この人たちの特長です。こちらが、言葉に出さずに話しかけたいなと様子を見せただけで、「被検者たち」は喜んで付きあってくれ、どこまでも質問に答えてくれます。みんな積極的で、熱心に話してくれる。レースの見方を解説してくれたり、馬券のアドバイスをしてくれたり、あちこち案内もしてくれるのです。あげく、ビールやランチ、ティーさえおごってくれようとするのです。

ようするに、競馬に関わる人たちは親しみやすく、寛容で好意的な人たちばかりと分かりました。これは人類学者が夢のなかでしか出会えない人たちです。この人びとと過ごした日々のことを「フィールドワーク」、あるいはどのような意味でも、労働などと呼ぶのは、まことにもって不作法きわまりないというしかありません。

第1部

競馬サークル

第1章　競馬ファン

わたしがスタンドの群衆と初めて向かい合う観察者になったとき、そこで目にしたのは、自分以外のみながどのような顔をしているのかということでした。不特定多数の顔、顔がそこにありました。BHBやトートがくれた市場調査書を見ていたので、イギリス人の典型例を目にしていることは分かっていました。つまり、上から下まであらゆる階級にわたり、ほかのスポーツ観衆で見かけるよりはるかに多い女性の割合（三〇～四〇％）ということです。

競馬はかならずしも高尚なイメージに当たらないという指摘はともかく、そういうイメージはまったく役に立ちませんでした。というのも、社会行動論の観点からいって、競馬ファンを年齢、性別、職業その他、市場調査の分類に従って区分けするのは、まったく的外れ。参与観察者として（質問票の各項目に✓を入れてもらうのではなく）、競馬ファンと接してみれば、いくつかの項目に分けることは確かにできますが、ふつうの人口統計の区分けを横断しているのも分かるのです。参与観察と聞き取りを三ヵ月もやれば、人びとを大雑把に二区分できるようになります。すなわち、熱心なファンか社交目的の来場者か、いずれかです。前者（約七〇％）は競馬に心から関心をもち、知識も豊富なファンです。一方、後者（約三〇％）は社交的な人間関係を求め、深めたいと思って来場する人たちです。さらに三ヵ月もすると、こうした分類のなかにも微妙な違いのあることが見えてきます。とはいえ、いかな寛容な調査依頼主も、いささか不満の色を見せるようになります。六ヵ月たって、クライアント持ちで競馬通いという素晴らしい経験は依頼主も了解しています。クライアントもまことに礼儀正しい人たちですから、声高にいうことはありませんが、イラつきを感じていることはこちらも分かります。

参与観察の厄介なところは、「仕事」をしているようには見えないところです。レース中、シャンパンを飲みながらあちこち歩きまわって、無駄話をしているようにしか見えないからです。ただし、一つだけ挽回する余地があります。的確で学問的な中間報告を書けばいいのです。きっちりとした事実を挙げ、見かけはともかく、ちゃんと調査しているということを示す、発見を披歴する報告を書くのです。

ＢＨＢやトートに提出する中間報告で、不特定の人びとを明確な区分に分けるのは意に沿いませんが、熱心なファンや社交目的の来場者のなかにも微妙な違いのあることははっきりしようと決めました。つまり、熱心なファンのなかにはさらに四つの違いがある。わたしは、それを《熱心なファン》、《中毒症》、《馬好き》、そして《オタク》と呼びます。また社交目的の人たちにも四つあり、《ビジネス目的》、《レジャー》、《デート目的》、そして《ファッション顕示》と呼ぶことにしました。

こうした類型分けは、それぞれ個々の性格や独特な個性を否定しようというわけではありません。研究者のなかには、人びとを三ないし四つの類型に分ける人がいて、そのどれも自分が知っているリアルな人を指しているようには見えない。そうした大上段から人間を俯瞰的に見るのには賛成できません。普遍的な人間類型に当てはめようなどという壮大な試みが、わが競馬ファンの区分けとは無縁だということです。レースにたいする態度とか、競馬場での行動パターンについての簡単な記述にすぎないのです。それも限定された空間を越えて、何か示唆しよう、応用しようなどという意図もまったくありません。たとえば、クライアントの一人がわたしのおこなった来場者の分類を一般の市場調査による階級分類と誤解して、それぞれの人びとがどんな新聞を読んでいるか、休暇にはどこへ行くのか、こちらに訊いてきたことがありました。ガッカリさせてしまったようです。

さまざまな条件はあるものの、競馬ファンについてわたしなりの「分類」に至る過程は、フィールドワークのなかでも核心部分、まことに有益なものでした。毎年、五〇〇万人の人が、大きな開催やフェスティバルになると六万人もの群衆となって競馬場に行くのです。こうした大群衆が、一つの小さな部族民のように行動するところを理解するには、人びとの仕草、慣習、意思について、さらに多くのことを調べなくてはならない、これが手始めの仕事でした。

◉熱心なファン

熱心なファンは「真面目な」ファンと表現できます。ただし、ここでいう「真面目な」は頭が硬くて融通が利かないというよくある意味ではありません。これとは別に「社交目的」というのがありましたが、熱心なファンが社交的でないというわけでもありません。熱心なファンは競馬に心底から関心があり、よく分かってもいる人たちで、もちろん、社交的な空気を認めてもいるのです。

　熱心なファンは競馬一族である以外には、共通性はほとんど、いやまったくありません。あらゆる年齢層（なかにはビックリするほど物知りの一〇歳の子がいました）、あらゆる階級（皇太后〈クィーンマザー〉から呼び売りオバさん〈パーリー・クィーン〉*まで）の人がいます。競馬場のメンバー席でも専用ボックスでも、そのほか、タタソールズ席やいちばん少額のシルバーリング席でも熱心なファンがいました。だいたいはタタソールズ席のほうがほかの席よりいくぶんその割合が高いという感じです。競馬ファンは全体に男性の方が多い印象ですが、一般化は難しい。というのも、《馬好き》には圧倒的に女性が多いからです。

　競馬にたいして一般に抱かれている誤解がわたしにもあったのですが、このたびビックリしたのは「真面目な」ファンがかならずしも、いや大部分、真面目なギャンブラーじゃないことを発見したことです。わたしが出会った大多数の熱心なファンは、競馬が好きという、つまりおおむね馬がとりわけ好きで、それにつれて競馬も好きという人たちでした。先に分類した《中毒症》ファンの極端な例の場合、競馬には中毒体質なのですが、馬券は買わないのです。こういう中毒症ファンは、ほぼ毎週、競馬場に通います。開催を見逃してはならじという恐怖感にかられ通い続けるのですが、二〇年たっても、せいぜい五ポンドか〇ポンドという「お楽しみ」ていどの馬券しか買わないのです。聞き取りした二人の筋金入りの中毒症ファンは、馬券をいっさい買ったことがありませんでした。それでも、勝ち馬を言い当てることには強い自信があるのです。一方、大金を賭ける人もいますが、競馬ファンといえないところがあります。というのも、この人たちは街中のブックメーカー（もしくは電話）でばかり馬券を買い、競馬場には行かないのです。

ところで、熱心なファンというものは、人口統計や市場調査の階級区分には、どこにも当てはまりません。さまざまなタイプの区別はあいまいで、その違いは、かならずしも見た目には分かりません。ただし、自分なりに簡易版「観察図鑑」のようなものを作ったのですが、わずか数分、言葉を交わしただけで、正確な識別の手がかりを得ることができました。この「観察図鑑」はさらに接触を重ねることで、内容が充実し、区分の信頼性を高めるようになりました。

◉軽いファン

熱心なファンの「標準型」には軽いファンという下位区分があります。この人びとは定期的に競馬場に行き、競馬というスポーツに関心をもちつつも、度を越すことがない。たいていは双眼鏡を携行し、競馬新聞や出走表を見ます。社交目的の人たちと違って、小さな数字や記号の意味は判っていきます。競馬の歴史についても基礎的な知識はあり、競馬界の最近の諸問題に持論の一つや二つはありま

＊パーリー・クィーン＝お祭りなどのときに、真珠貝をちりばめた派手な服で物売りする。

すが、深刻視はしていません。オタクのファンとは違って、競馬の来し方行く末について長々と議論するより、直接的な楽しみの方に大きな関心がある。寒さとか雨をものともせず、パドックを周回する馬たちに注目しますが、これも義務感からしているわけではなく、強風と霙が降るようなときには、バーにしがみついていたいというところもあります。熱心なファンの大多数（それゆえ、競馬ファンの大多数）は、この手の穏やかなタイプの人たちなのです。

◉中毒症のファン

中毒症のファンは、大きな開催に行けなくなりそうだとなると、精神的に落ち込み、パニックに陥ることもある、競馬を心底から熱愛するファンです。この手の人たちは、少なくとも月一回、できれば毎週でもやってほしいと思いつつ、競馬に通います。三、四日連続開催となるフェスティバルともなると、そのすべてに通います。開催に行かないときでも、競馬新聞は、毎日、目を通します。土曜日の朝になると、全国各地の競馬場を紹介、専門家の分析などを流す「モーニング・ライン」という番組がチャンネル4でやっているのですが、これを見るために朝寝を控えます。競馬場では、天候がどうであろうと、パドックばかりか装鞍所でも出走馬を観察します。しかるべき礼儀も弁えない輩、みんなに倣って温かい服装もしない連中には我慢がならないのです。横柄でも熱狂的でもない友人たちには丁寧なのですが、競馬場の心得条件などが自分の馬観察や出走表検討とかち合ったりすると心穏やかでなくなり、激高したりするのです。

◉馬好きファン

熱心なファンのなかにあって、異端の部類に入るのが馬好きファンです。ときには、社交目的ファンと間違われることもあります。というのも、競馬のいくつかの部分についてかなり無知で、関心すらもないからです。この人たちが競馬に行くのは、ひたすら馬が好きだからで、競走馬に関係しない部分、たとえばギャンブルや運営といったところにはほとんど関心がありません。身なり宜しき馬好きファンと目星をつけた人に会ったとしましょう。馬券の買い方を訊いても分からないというし、ジョッキー・クラブやBHAの最近の懸案について意見を求めても分からないと応じますし、そういうとき、自分が話している相手が真正の社交目的ファンと思って間違いないでしょう。また、見るからに社交目的で来場していると思った人が、繁殖のことや調教、飼養、騎乗法、競走馬の体調、馬格について悉く知っていると分かったら、吃驚仰天ですが、そういう見間違えは当然です。わたしも何度か経験しました。イギリス・ポニー協会*の中心人物とか、英国馬事協会の指導者、野外馬術競技**の選手、そのほか騎手の人たちを社交目的で来ているものと間違って以来、自分の分類法に頼ってはいけないと思ったしだい。

*イギリス・ポニー協会＝イギリスには馬をめぐるさまざまな組織があり、そのひとつ。
**野外馬術競技＝馬場馬術やクロスカントリーなどさまざまな馬事競技があり、その総括的な呼称。

馬好きファンは競馬一族にあって、まことに誠実、真面目な人たちです。あまりぱっとしない競馬場や、ごく些細な開催にも欠かさず出かけてゆきます。そうした素朴な田舎の競馬場、粗末な施設、設備など一向に意に介さないのです。というのも、この種の競馬場は、ほかの馬関連スポーツ以上に馬のことを第一に考えていると、この人たちも誇りに思っているからです。

◉オタクのファン

どのスポーツにもオタクのファンがいます——ある事柄について百科事典的な知識をひけらかすマニアックな人たち——。競馬もその例にもれません。たとえば、三時三〇分のレースに出る、ある出走馬を指して、六世代にわたる血統をたちどころに暗唱して見せたり、その馬の母系祖父がいまどこの繁殖場にいるか、去年秋の当歳馬*のセリでその馬の半兄弟**を買ったのはだれか、その馬の調教師が愛用している飼葉はどこのメーカーのものか等々、極々些細なことを延々と話し続けるのです。まあ、いずれもこの馬がレースに勝つかどうかにはいっさい関係ないことは明らか。それはともかく、この馬が判定委員の手を煩わせることもない結果になると、つまり惨敗すると、すかさず、解説してみせるのです。調教師はあのレースに出走させるべきではなかった。なぜって、母系の血筋からいって、右回りの、しかも不良馬場で七ハロン***（一四〇〇メートル）以上は無理だったからさ、と。

なんでも血統を持ち出すのも、この手のファンの好例です。また、あるオタクのファンは一九世紀のグランド・ナショナル****創設以来、どの障害でどの馬が放馬したか、すべてあげることができました。別のファンは、有名馬の尾から取った毛を集めていました。どうやってそのお宝を手に入れたのか、事細かに話してくれました。けれど、そうした筋金入りはほかのスポーツに比べ競馬の世界でもそうよく見られるものではありません。なぜなら、この種の、面白みに欠ける勿体ぶった連中は、競馬ファンの実態や振る舞いとは無縁なのです。

こうして熱心なファンを分類することはできるのですが、かれらは、たとえば、特定の競馬場や開催に特別な愛着をもつなど、共通する特徴を多く具えてもいるのです。チェルトナム競馬場で開催される障害のフェスティバルなどは、ほとんどすべての熱心なファンにとって、神聖不可侵なものなのです。三月に三日以上にわたって繰り広げられる、一年に一度、一族再会のこの開催は、一言「チェルトナム」と呼ばれ、愛情込めて、ときには厳かな声音で語られるのです。チェルトナムへの批判は神への冒瀆に等しいもので、ほかの競馬場なら目くじらを立てられる不便さとか不快さも、チェルトナムなら「ここならではの雰囲気の一部だ」とされるのです。

＊当歳馬＝〇歳馬のこと。
＊＊半兄弟＝母馬が同じで、父馬が異なる兄弟。
＊＊＊ハロン＝競馬界で使われる独特な距離の単位。一ハロン＝約二〇一メートル。
＊＊＊＊グランド・ナショナル＝一八三九年創設のエイントリ競馬場でおこなわれる、距離約七二〇〇メートルの障害レース。

チェルトナム・フェスティバルはファンのカレンダーでは二重丸となっています。ふつうならちゃんとした日時を書くところを「クリスマス前に」とか「イースターの後で」とかいったりしますが、それと同じ調子で、「チェルトナムの後で集まらなきゃ」とか、進行中の恋愛話を口にするとき、「チェルトナムまでの関係だな」などといったりするのです。

熱心なファン、とりわけ中毒症タイプはチェルトナムだけでなく、地元競馬場の開催にもすべて顔を出します。パブのように「オレの地元」といったりもします。自分のことを競馬場の「常連」と呼びます。わたしたちが地元のパブでホッとするように、地元の競馬場では心から寛げるわけです。従業員や役員はぜんぶ顔見知りですし、開催のたびにおなじ顔触れに会い、馴染みの友人たちを目にするのです。互いをファーストネームやあだ名で呼び合い、情報やゴシップ、冗談それも仲間内のジョークで笑い合うのです。

熱心なファンのなかには、「地元」にたいしてほほえましいほどに忠実。欠点があるにもかかわらず愛してやまない。欠点を口にするにしても――溺愛ペットの短所、欠点のように――甘いことときわまりない。その一方で、他所《よそ》の競馬場については、まことに冷静、客観的に判定するのです。グッドウッドで聞き取りした女性のオタクは、「グローリアス・グッドウッド*」という特別な大開催のあいだ、毎日ここに通っていましたが、帰り道に地元エプソムの名もない薄暮開催**に「気軽に」立ち寄る誘惑に勝てないといっていました。「グッドウッドがちょっとばかり華々しいからって、見捨てたなんて思われたくないのよ」と語ったのです。まるで、グッドウッドへ行くのが不貞の浮気をしているような言い方でした。

チェルトナム崇拝と地元へのいわく言い難い忠誠、その兆候は会話でしか現れませんが、観察からも熱心なファンかどうかは分かります。たとえば衣服、これもかならずしも信頼できる手掛かりにはなりません。女性の熱心なファンは、社交目的のファンに比べ、着るものを選ぶさい、天気予報を気にする傾向があるくらいです。社交目的のファンは、ファッション・スタイリストの意見を訊くことが多い。この違いは、肌寒い晩春とか初秋のころ、とりわけはっきりします。社交目的の女性たちは薄っぺらな夏服にブルブルしています。とはいえ、これも信にたる指標ではありません。なぜなら、社交目的ファンでも経験を積んだ人は、熱心なファンの実質本位なドレス・コードは採り入れることもあるからです。

そうしたなかで、馬券の買い方こそは熱心なファンを見分ける信頼すべき手引きとなってくれます。熱心なファンは、一般席に店をはる個人営業のブックメーカーから馬券を買うことが多いのですが、社交目的ファンはどの人もトートのほうが好きなのです。でも、これにも例外はあります。どこの店が良いオッズを出しているか知り抜いているのを熱心なファンは自慢しますし、オッズによってはトートも賢く使い分けているからです。社交目的ファンの方も、ときに一般席へと足を延ばすこと

＊グローリアス・グッドウッド＝イングランド南部グッドウッド競馬場で毎年七月末から八月にかけて開かれる平地競走の祭典。
＊＊薄暮開催＝明るく長い夏の夕方におこなわれる開催。

があります。「雰囲気を味わいたい」とか、これも「一種の参詣めぐり」のようなものといったりして。

行動という視点からファンを見分ける、いちばんの指標は、儀式のように歩き回る、その行動サイクルです。ファン識別という点から見たキーポイントは、社交ファンに比べはるかに完璧なルートで、定期的に歩き回るところです。まずはパドックで馬の状態を学習。つぎにどのブックメーカーが一番のオッズを出しているか検討し、レース後はウィナーズ・サークルに戻る勝利馬をお迎え。とりわけ中毒症タイプは、この巡回詣でをさらに推し進めます。パドックではお気に入りの決まった位置から観察。レースはスタンドの厳格に決めた定位置。バーに引き込もるときも特定の一隅に席を占めるという具合です。

こういう決まった行動をする人たちについて観察するため、狙った個人やグループを付け回して、競馬場のなかをなんども歩きました――ちなみに、「大きなレース」のときだけ巡回詣でをするのか（たぶん社交目的ファン）、ほとんどのレースでそうするのか（たぶん熱心なファン）――。しかるのち、近づいて行って、自分の仮説を確かめる質問を試みました。人を尾行するなどという隠密行動をしていると、自分が真っ当な学者というより、B級映画の私立探偵のような感覚に陥りました。付け回され、あげくヘンな質問を受ける、無辜のファンにしてみても怪しい印象をもったでしょう。

フィールドワークの、こうした労苦にウンザリしてくると、これまで暴力パブだの、場末のナイトクラブだの、暗い路地裏だの、さびれたブックメーカーだので、自分が隠密探偵を演じてきたB級映画的な調査活動があれこれ思い出されてくるのです。とはいえ、共演者、現場ともに競馬場の方がはるかに良かった。それに、手足になってくれる、ひじょうに優秀なSIRC*の調査チームについても、わたし自身が今回の調査のために、念入りに人選しました。かれらがあちこち執拗にファンを追いかけ回し、足腰を痛めたとしても、最終的に責められるのはこのわたしひとりです。

◉社交目的ファン

社交目的で来場する人たちを追尾するのはまことに簡単でした。というのも、この人たちはいたって気もそぞろ。悪天候をものともせずパドックに駆け寄り、駄馬でもしっかり観察する、などという気はさらさらないからです。

この人たちが来場するのは、もっぱら社交の季節を謳歌するためで、レースを理解する気も、関心すらもほとんどありません。ただ、可笑《おか》しいのは、競馬に関心がないにもかかわらず、来場頻度は熱心なファンとおなじだということです。この人たちの割合は、来場者の約三分の一といったところでしょう。とにかく、この人たちが競馬に求める魅力、動機づけは人と社交する以外にないのです。いやはやまったく！

かくするうち、否応なく分かりました。競馬はほかのあらゆるスポーツとは性質がまったく異なるということです。すべてのスポーツは、午後のひととき数十分間おこなわれ、そのところどころに「競

＊SIRC＝Social Issues Research Centre「社会問題調査センター」。

技」のおこなわれない三〇分が挟まっています。これにより、観客のあいだに活発な交流が繰り広げられます。競馬以外の観衆スポーツでは、社交も競技とおなじように休憩を意味します。しかるに競馬では、社交、交流は必要不可欠な活動なのです。この要素が、まとまりのない群衆をはっきりとした、多様な友人仲間へと変えるきっかけとなっているのです。レースのあいだに挟まった三〇分の空白から、競馬文化全体が独自の言語、宗教、伝統、習慣、儀式、礼儀等を伴いつつ発展してきたのです。これはもはやたんなる観衆スポーツではなく、ひとつの共同社会となっているというほかありません。

このことが分かってしまうと、かなりの数の来場者が、このスポーツ競技そのものに関心がないという事実を前にしても、驚かなくなりました。競馬というスポーツ競技は競馬文化のなかの一つの要素にすぎないのです。いわば、ビールがパブ文化における一つの要素にすぎないのとおなじです。社交目的のファンは、競馬文化の、レース以外のさまざまな側面に魅力を感じています。この手の人びとを数ヵ月にわたり追い回し、観察したり、邪魔したりしているうちに、その真意が理解できるようになってきました。

社交目的の来場者は、とにかく人間関係を作ったり、維持拡大したりすることに関心があるのです。競馬場「独特の風土」は、社交を実現するには格好の条件となっています。競馬文化にある、そうした側面は、すべての来場者、熱心なファンにも善しとされているところです。ただし、ビジネスマンやカップル、一見客《いちげん》といった人たちには批判の的となっています。

熱心なファンとおなじように社交目的ファンも、国勢調査などの階級分類上の区分けには収まらないので、ここにあげたような、やや奇異な分類も特別に必要なのです。一般に思われているのとは異なり、社交目的ファンの大多数は、上流階級でも富裕層でもありません。最低料金席には、この人たちで溢れていますし、かれらにとって、馬もレースも午後の社交活動にもってこいの借景にすぎないのです――オシャレするための口実といってもいいでしょう。その割合からいうと、多くは女性です（来場者全体の三〇〜四〇％が女性ですが、社交目的ファンのなかでは五〇〜六〇％が女性）。一方、その下位区分である、ビジネス・スーツ組は男性ばかりですし、一見客の区分では女性のワイワイ賑やかな連中よりは男の子の方が圧倒的に多い。ようするに、社交目的ファンについて総括すると、シルバーリング（最安料金席）やメンバー席（高額席）の社交ファンは、タタソールズ席（中間料金席）に比べて多いということが分かりました。もっとも、こうした一般化には例外がつきもので、タタソールズ席は若い男性一見客にはもっとも人気のあるところになっています。

社交目的ファンをその性別や年齢、社会経済的な視点に応じて、手ごろな市場調査分類に区分けすることはできません。行動、意識分類システムに基づいた「フィールド・ガイド（観察手引き）」が必要です。社交目的ファンをめぐるフィールド・ガイドの作成は比較的容易でした。ようするに、この人たちはいずれも何らかの形の社交形成に関心があって、その人間関係を作ってゆくプロセス、そのさまざまなパターンを分析するという、それのみが基本的な課題だったのです。

◉ビジネス・スーツ組

「ビジネス・スーツ」とは、競馬サークルの人間が「企業関係」の来場者を指す場合に使う総称です。この人たちのホームグラウンドは専用席か特別席、接待用テントです。特別席といえば、貴族や外国の大公、セレブがいるところと初心者は思うものです。じっさい私が目にしたのは、どこも営業担当や人事担当者、その他ふつうの人たちのグループでした。スーツ組はつねに一団で固まってやって来ます――個人のスーツは、あまり見かけない光景です。この人たちは、場内を巡礼するにしても、一、二レースだけ。ただし、「大きなレース」のときは、専用席やテントから出て来るのが習わしで、パドックで人の群れに混じり、スタンドから声援をあげ、馬券売り場の喧騒に割って入ります。スーツ組は、とにかく仕事仲間や営業の顧客関係、相互の人間関係――これについては決まった言葉がないようなので、わたしは勝手に「企業関係」と呼んでおきます――を築いたり、深めたりすることに関心があります。競馬場という土壌、文化がこうしたことを容易にしていることは明らかです。競馬における企業活動に目が開かれたので、企業接待に関して新たな調査計画を立て、実行することにしました。その結果については第10章、第11章で「企業活動の仕来り」「スーツ組のエチケット」としてまとめました。

◉カップル

企業関係者にくわえて、カップルの来場者にも競馬文化はおあつらえ向きの環境を提供しています。

手に手を取ったカップルは、年間を通して、すべての開催で見かけますし、聞き取り調査をすると、カップルを作り、関係を強めていくうえで、競馬が重要な役割を果たしていることが分かります。賢い男性なら、古典的なファーストデートの食事や映画に比べ、競馬場で一日を過ごすほうが、女性を誘う戦術としてはるかに有効であることも、とうの昔から知られていました。面と向かって食事するのはウンザリするような沈黙がいっぱいですし、一方、映画も心ここにあらずとなりがちです。競馬は、男女が睦み合うのに意識を集中できる点で、若い女性たちの言い方で「ドンピシャ（just right）」と表現されています。

◉ファミリー連れ

ファミリーの来場者——なかには競馬場が仕掛けた「誘致」の成果も——は、土曜来場者のかなりを占めていますし、とりわけ夏の日曜日などは支配的にすらなります。ふつうの熱心なファンも子どもたちを連れてきますが、ファミリー連れの大多数は、「行楽」のためにやってくるのです。

こうした一行を見分けるフィールド・ガイドには、家族連れの行楽者がアイスクリームやフライドポテトなどの衒示的消費に大半の時間を割いていると知る必要があります。夏のポンテクラフト競馬場で、シルバーリングにある芝生では、競馬開催というよりは海岸の絵葉書にある光景が見られます。群れをなすファミリー行楽客が陽光を浴びながらピクニックをし、時折やってくる競走馬の群れがそばを通るたびに子どもたちが金切り声を上げたり、袖を引き合ったりしています。

◉グループ来場者

若者たちの来場目的はオトコ同士の付き合いで、女の子たちも女性仲間に関心がある。とはいえ、ときにはそれぞれ互いに「グループ交際」のような交流をすることもあります。こうした若者グループの来場者は、男性、女性どちらかが固まっているときは、まことに陽気、ときに騒々しいのですが、互いに接触しようと呼びかけ合ったりすると、途端にぎごちなくなったりします――気取ってしまったり、目だけ合わせたり、含み笑いしたりと、言葉にならない態度に一変します。

ここで「男性」「女性」としているのは、行動にたいする呼び方で、年齢による分類、つまり若者だけを指しているわけではありません。フィールドワーク中に出会ったグループ来場者は、男性も女性も中年の人たちが多かった――なかには高齢者無料バスパスの所有者と思しき人たちも――。それで、「仲間とケンプトンへ繰り出してきたんだ」とか、「今日は女友達同士で、ニューベリーに一日お出かけなのよ」とか、自分たちのことを表現していました。

グループ来場者は何組かの二人連れが集まったものから、三〇人に及ぶものまでさまざま。ただ、大勢のグループも場内では二人から一〇人程度の小さなグループに分かれるのがふつうです。女性のグループはそもそもかなり少人数で、二人および三人がよく見られます。ときには四～五人ということも。女性九人連れというのに出会ったことがありますが、これはレアケース。大グループは「ヘン（雌鶏）・パーティー」になることしばしばです。結婚式前夜、女性たちだけで集まって最後の自由を謳歌する、あのバカ騒ぎです。もちろん男性にとっても競馬場は、伝統的な「スタッグ・パーティー」*に格好の場を提供しているようです。

グループで来る人びとは来場すると、ほかのスポーツや社交の場面よりはるかに行儀がよろしい。若者たちが集まると、どこでも見られる陽気さや騒々しさはおなじですが、群衆にありがちな攻撃性や好戦的なところはありません。暴力や無秩序を扱う一般的な学説とは逆に、興奮を催すスポーツイベントに若者が集まり、賭けをし、大量のビールを飲んでも騒乱にまったくならない。競馬はこれを見事に証明しています。若者たちは、女性にドアを開けてやり、人とぶつかれば素直に謝ったりするのです。

とはいえ、良質の若者が競馬に集まってくるというわけではありません。聞き取り調査したグループの多くは、フットボールのファンでもありましたし、土曜の夜ともなれば騒ぎだす、「ならず者」の調査でおなじみの若者たちでした。明らかに、善人などではありません。さらに聞き取りを進めると、フットボールの試合での自分たちの行動は、競馬場での礼儀正しい行動とは似ても似つかないものだとあっさり認めました。けれど、競馬場に行くとどうしてちゃんとした行動をするのか、説明することはできませんでした。ようするに、競馬場ではおとなしくふるまうものと周りから思われており、自分たちもそうするのが当然だと考えていると。丸々と太ったビール腹の男性の話です。「周り

＊スタッグ・パーティー＝結婚前夜に男だけが集まって開くパーティー。

を見てごらんよ。ねえ、ポリ公も警備もいねえ。監視カメラもねえ。飲む処はいっぱいあるけど、いざこざなんかねえだろう。んなところで騒ぎを起こそうなんて気にならねえだろ?」

さらに、そっけない直截的な意見もありました。「そもそも競馬に厄介ごとなどない。それはみんな承知してる」。その自信に満ちた調子は、その手のことが、いわば基本的な自然法のようなもので、それ以上問い糺す必要もなく、みんなに当たり前のことと認められている真理なのだということを暗示していました。ほかにも、あれこれ説明もいらない、決まりきった事実だけを示す、ありきたりの反応が返ってくるばかりでした。人類学者にとって、こうした一連の反応は、ある社会に固有の基本的教義のようなものに出会った、紛うかたなき証しだと映るのです。ですから、それ以上に突っ込んだ詮索、解明はむしろ的外れになると考えました。

ちゃんとした真っ当な行動の原因を研究する、長年取り組んできた流れからすると、若者たちが責任ある、行儀正しい大人と扱われるところでは、そういう行動がとれる一方で、子ども扱いされたり、犯罪者や野生の獣のように見なされると、それに合わせた行動をとってしまうという、それが、これらの発見によって示されています。

◉派手な一族

騒がしい若者グループも、社交目的の女性来場者のなかでもとびきり派手で目立つ淑女たちの前に出ると、礼儀正しく振舞うことになります。競馬場に来るさまざまな社交動機のなかでも、「人に見られ、人を見る」というのは大きな位置を占めています。来場者のなかでかなりの部分、とりわけ社交目的ファンのほとんどすべての人たちは、周囲の容姿と自身の姿形に絶大な関心をもっています。人の見栄えなど浅薄なことには無関心だと公言してはばからない人でさえ、仲間の皮肉な品定め（人の服装、容貌の評価）を詮索することは厭わないのです。わたしが「派手な一族」と名づけた人びとにとって、こうした無言の品定めは無上の喜びであり、楽しみなのです。

派手な一族はどこのエリアでも見つけられます。ただし、入場料のもっとも安い、シルバーリングやメンバー席のほうが他よりやや多いように見受けます。レース観戦にオシャレして来るのはずっと以前からの伝統で、女性なら誰しもが気を遣うものです。たとえば、派手な一連隊は、これがとりわけ極端なのです。ことにシルバーリングにいる、ルレックス*の超ミニに肩肌がむき出しになったドレス、それにピンヒールを履いた若い女性などは、アスコットよりディスコに行ったほうが相応しい。こういう目立った服装は、何も安いエリアに限りません。メンバー席にいる若い（なかにはさほど若くない人も）派手族もおなじように服装をアピールしています。ただし、こちらは、ミニスカートにしても、襟ぐりの深い服にしても、ハイヒールにしても、まあ、どれもデザイナーズ・ブランドではありますが。

＊ルレックス＝アルミ箔に透明な皮膜をかぶせ、線状に細断して作った金属系を織り込んだ布地。

◉社交目的来場者の割合

社交目的で来る人びとは障害レースより平地レースのほうがはるかに多い。ですが、ふつうに想像するほどは違いが大きくはありません。いつも変わらずというわけでもありません。熱心なファンに比べて、競馬好きという点できっちりした例証ともなりません。なにしろ、寒くてジメジメして泥んこという、昔から「冬のレース」につきものの悪条件に、勇を鼓して出かけてゆこうなどというところはありません。ですが、多くの障害レースでは、施設や設備も、いまや批判の的になったり、重装備が必要になったりしないほど改善されてはいます。

平地のレースが開催される季節で見ると、社交目的ファンは少なくとも来場者の三〇%。日曜ともなれば五〇%。さらにロイヤル・アスコットやヨークの夏開催では七〇%にも上るというのがわたしのザックリ勘定です。つまり、夏のそうした華やかなフェスティバルでは、熱心なファンと社交目的ファンとは割合が逆転するということです。

障害のシーズンには、社交目的ファンは著しく変わります。寒くて湿気《しけ》た「最低の」設備しかないスタンドで、平日ならわずか五%。盛り上がる週末開催、それもニューベリーのヘネシー・ゴールドカップ*などになると四〇%から半数以上がこの種のファンになることもあります。

冬季、社交ファンの関心は服装などより施設、設備のほうがはるかに重要です。ウォルヴァーハンプトンの全天候型競馬場など、パッとした芳しい設えは一切ありませんが、一一月の土曜日夜間開催で、ガラス張りの温かく居心地の良いレストランには、ロイヤル・アスコットに匹敵するくらい社交ファンが詰めかけます。テーブルの七割がたは家族連れ（大半はオババ連）、カップル、女性グループ、若い男連中、背広組が占めますが、その会話を聞いていると、誰一人として、噛みつかれたことでもないかぎり、馬のことなどまったく知らないことが分かります。

このような観察評価は、トートの窓口にいる丁寧な女性職員の行動からも確かめられます。女性たちはズブの素人をどう扱うか手慣れているのです。いちど、母を調査助手というか実験台にウォルヴァーハンプトンに引っ張り出したことがありました。もちろん、母は競馬に行ったことなどありません。そういう母がトートの窓口に向かい、五ポンド紙幣をおずおずと出し、出走表にある一頭に指を立てると、窓口の女性がすぐに引き受けて、「それに二ポンドですね。本命なんですね。分かりました」と応じたのです。

じつのところ、母は五ポンドすべてを意中の馬に投じるつもりだったのです。にもかかわらず、「女性の賭け金」としては従来二ポンドがふつうだというアドバイスに、母は心から感謝することになりました。「トートの女の人は、とっても親切だったわ。ブックメーカーがアコギなことはお前から聞いていたから、驚いちゃって、五ポンドぜんぶ賭けますっていう勇気もなかったし、二ポンド賭ける気にさせてくれるなんてとっても親切だったわ。たしかに、五ポンドなんてちょっとやりすぎかなとは思ったし。そしたら、なんとその馬が勝っちゃったのよ」

＊ヘネシー・ゴールドカップ＝コニャックメーカー、「ヘネシー」がスポンサーのレース。

ウォルヴァーハンプトンの暖かいレストランは、社交ファンで溢れていましたが、低料金席の一角には、その手の人たちはほとんどいませんでした。こうした光景は、夏の平地レースと比べ、冬の開催ではどこでも見られるものです。夏開催では、低料金席もメンバー席も社交ファンはおなじ割合なのです。冬季、低所得の社交ファンも居心地の良いところに少しばかり金を出そうという気はありません。設備の整った競馬場では、社交ファンの全体数は夏と冬でそう大した違いはありません――冬のほうが数が減ることはいうまでもありません。とはいうものの、社交ファンと熱心なファンとの相対的なバランスは、どの席でも変化していることは確かです。

◉非日常の世界（Alternative Reality）

競馬場来場者のタイプ分けはできましたが、わたしが観察したもっとも重要な行動特性は、じつはどこでも見られるものでした。来場者すべての行動は、競馬という固有な「地域的風土」の影響を受けていると考えられます。

競馬場は、イギリス文化のなかで、モラル的にはあいまいな領域にあるため、人類学者が「境界域」と呼ぶものになっていることが分かりました。つまり、日常生活とは異なる、その周辺的な領域、非日常の世界ということです。この意味で、競馬に行くということは酒を飲んだり、ヤクをやったり、瞑想を実践したりするのと似ています。どの行動も日常の軛轢から逃れたいとする、人間のもつ基本的な欲求を満たすものとなっています。競馬場は、社会心理学者が「気楽な行動場所」と呼ぶような、生きた社会的機能を果たしているといえます（社会心理学者は、こういうやや衒学的で文学趣味のある術語を使いたがります。それにたいして、人類学者は「境界域」などといった客観的表現を好むところがあります。こういう言葉遣いの癖は、社会心理学者が常日頃、厳密なことばかり言いすぎると批判されるところに理由がありそうです。一方の人類学者は理解不能で奇妙奇天烈と排斥されてばかりなのです）。

まあ、どちらの術語を選ぶにしても、たいていの人は学者になる必要もありません。競馬場が陽気で、お祭り気分の非日常世界だと認識すればよいし、そこは、日常生活から逃れるだけでなく、日常の自分からも脱け出せるハレの時空なのです。午後のひととき、来場者は自分の役どころ、普段とは違う社会的役割を演じるのです。わたしが会ったセールス・ウーマンはきらびやかな帽子を被り、「淑女」になりきっていました。また、肉体労働に従事する青年は双眼鏡を肩に、調教タイム表や『レーシング・ポスト』*を手に、出走表の余白にメモを取りながら、「専門家」を演じていました。馬券売り場のごった返す人波からブックメーカーの動きを見つつ、たえず変わるオッズ板の数字をチェックしながら、手にした五ポンドをどこに賭けようか決めようとする。それぞれがまさに株取引のディーラーになっているのです。

多くの来場者にとって、競馬場という非日常の世界は、別の社会的役柄、別の人間を「演じる」恰

＊『レーシング・ポスト』＝一九八六年創刊の日刊競馬新聞。

好の機会になっているようです。常日頃の抑圧された生活のパターンが、人びとの人生、精神になっているわけですが、そこから離れ、バーで冗談を飛ばし、スタンドから「来い！ 来い！ いい子だ！」と大声で叫ぶのです。日ごろから心配ばかりしている人、あるいは金惜しみしている人に会ったことがありますが、こういう人たちも、家のローンや家計費のことなど忘れ、手に入れた払戻金──「実体のある金」とは数えないと誰も認めています──で、仲間に酒代をおごってやったり、子どもに気前よくアイスクリームを買ってやったりしているのです。きらびやかに着飾った中産階級のご婦人が、いかにもファッションモデルのように振舞っているのを目にしたことがあります。ようするに、ここは現実世界ではない、日常の自分から脱け出て、別の人間になれるという非日常の世界なのです。

◉村のゴシップ

こうした非日常の世界、そこで見られる行動の自由も、しかし、ふつうの競馬ファンないし一部の馬主にのみ当てはまることがすぐに分かりました。その「中心」で働く人たち、調教師とか開催委員、騎手、厩務員といった人たちに関するかぎり、競馬の世界というのは、基本的に村なのです。結びつきの堅い小さな村、つねに鵜の目鷹の目で狙っている詮索好きな人たちで溢れている。だれもがお互いを知っていて、他人の行動に強い関心をもっているのです。

このような競馬村では、新参者はひとつの事件です。忘れもしません、初めて行った競馬で苦い経験をしました。ウィンザー競馬場の薄暮開催でした。当時ＢＨＢのマーケティング担当でしたリー・

リチャードソンとパドックで調教師と三人でお喋りをしていました。すると、元騎手で観察眼の鋭い競馬ジャーナリストで有名なマーカス・アーミティッジにその光景を目撃されていたのです。後刻、アーミティッジはその調教師に「あの女の子はだれだい？」と訊き、競馬場での人間行動調査にBHBがスポンサーになっていることを知ったのです。つぎの土曜日、この話は全国紙に載ったかれのコラムで明らかになりました。人類学者による競馬人の観察というアイディアは「恐ろし気」と表現されていました。

リーは喜んでいませんでした。「おおー、よくやったじゃないか、ケイト！　匿名の目立たない参与観察者はもう終わり。あのとき、マーカスが君を認めるまで、たっぷり二時間は歩き回ってたんだろう。こんどの調査を始めて一週間とは経ってないのに、それがどうだい、『デイリー・テレグラフ』*だぜ」

競馬サークルが村のくだらないゴシップの巣窟なのはわたしのせいではないと、イラついて指摘しました。アフリカのジャングルとか山岳地帯にある隔絶した部族で調査しているなら、他人の関心を引いたかもしれません。ですが、一介のしがない調査員がときに調教師やBHBの職員と話しているところを目撃されたとしても、五〇〇万人からいるこの国の競馬ファンのなか、注意も引かずにいるなど、たやすいことだと思っていたのです。

＊『デイリー・テレグラフ』＝一八五五年創刊。イギリスの高級紙。

でも、じっさいは、こちらの落ち度でした。競馬村の行動を観察するというのが本来の目的だったわけで、にもかかわらず、調査いかんにかかわらず、小社会にありがちな、どの外来者にたいしても好奇の目を向けるという、そこを予見できなかったことが問題だったのです。

第2章　戦士

競馬のフィールドワークをじっさいに始めるまえ、ロンドンのポートマン・スクェア*にあるBHBとジョッキー・クラブ本部の職員から、ブリーフィングを受けたことがありました。その説明によると、騎手はパドックで調教師から最後の騎乗指示を受ける。しかも、それは、敬意を払われるべき騎乗馬の馬主やほかの馬主たちの目の前でなされると。こちらとしても、それまでディック・フランシスを読んで得た知識とか、ジョッキー・クラブ職員による数々の説明を聞いていたので、納得することはできました。そして、「ああ、そう。パドックね。騎乗の指示ね。おっしゃる通り」と反応したのでした。

*ポートマン・スクェア＝ロンドン中心部にある地名。競馬統轄機関の別名でもある。

◉本物のエリート

いまはウェザビーズ社*の役員となっているポール・カーン博士の博士論文を読んだことがあります。そこで指摘されていたのは、競走馬における「関係者」の地位は、競馬場での馬との接触具合と反比例の関係にあるというのです。終日、馬と接している厩務員は最低の位置にあり、伝統的なヒエラルキーでは馬に騎乗する騎手は、それより高い位置。ときどき来ては馬をペタペタと叩くぐらいの馬主は、その頂点に位置するというわけです。このことはポートマン・スクェアの人たちが指摘していたのとおなじ序列でした。競馬界の社会構造、その少なくともひとつの側面は単純で、あいまいなところはないと理解し、いざ競馬場に見参。パドックでの身振りに、こうしたヒエラルキーがどう表れているか観察したのです。

ところが、混乱してしまいました。遠くから観察していただけですが、パドックでの馬主、調教師、騎手の仕草は、まったく違う序列を示していたのです。たしかに、騎手たちがパドックの真ん中にいる馬主や調教師たちの群れに近づいたとき、帽子に手をやり挨拶はしましたが、それだけでした。そこにいた人たちの立ち居振る舞いなど言葉に表さない仕草はすべて、馬主—調教師—騎手の古いヒエラルキーがほとんど廃れていることを表していて、帽子に手をやるなど、いわば礼儀、挨拶の「痕跡」として残っているだけ。つまり、騎手の社会的な立ち位置に劇的な変化が起こっているということなのです。帽子に軽く手をやる仕草にしても明るい感じで、とても卑屈な様子ではない。従順を表すというよりは、観客の拍手喝さいに応える舞台役者がする挨拶のように見えました（じっさい、勝利騎手がウィナーズ・サークル**に入ってきて、歓呼の声に応えるときまったくおなじに帽子へ手をやったのを見ました）。

パドックでの無意識な行動のひとつひとつが、公式な動作でもその背後で力関係が変化しているのを示しています。馬主と調教師たちの小さな塊りは、騎手が入ってくるまでは焦点が定まりません。馬主の眼差しや体勢は調教師に向いていたと思えば、引き回されている馬へとあてどなく向いたり、ほかの馬主・調教師へと向けたりするのです。調教師の関心も馬と馬主のあいだを行ったり来たり。ところが騎手が登場するや、それらの体勢は高い地位のものが入ってきたと表現しているかのようなのです。騎手の方も自信に満ちて歩を進め、頭をシャキッと上げ、なかには鞭を振ったり、ブーツにぴしゃりと当てるものもいます。フランキー・ディットーリは派手なバトントワラーでしたが、たいていの騎手も鞭の使い方に凝っているように見受けられます。

こうした「音無しのファンファーレ」は馬主や調教師の注意を引くには十分の効果があります。馬主や調教師たちは喋ったり、ブラブラするのを止め、騎手が近づいてくるのを振り返ります。それらの輪に騎手が加わった瞬間から、尊敬に満ちた眼差しと熱意ある関心の的となるのです。馬主は騎手の話に頷きながら、その金言、名言を聞き漏らすまいと身を寄せます。この目に見えてはっきりわか

---

*ウェザビーズ社＝イギリス競馬の事務請負会社。草創期以来。

**ウィナーズ・サークル＝勝利馬や関係者が表彰などを受ける一角。

る指標が見当たらない場合、馬主の関心が向かう先は、その足を見ればはっきりします（わたしたちは、足で何かを表示するかなんて、ついぞ意識しませんが、足というのはまことに正直な体のパーツなのです）。つまり、みんなの足が騎手を指しているのです。騎手のすぐわきに立っている人でも、片足は関心の対象の方にわずかに向いていることが分かります。あとで知ったのですが、騎手は社交辞令や月並みな話以上のことを口にするわけではない。ですが、聞く方は明らかにその話の方にクギづけになっているのです。

　これは、騎手の社会的な立場が、部族社会における戦士の存在によく似ていることを示しています。騎手には公式な力とか政治的な権力はないでしょう。昔ながらの礼儀作法やさまざまな命令に従うことも求められています。それでもなお、やはりエリートなのです。その特殊な才能や能力は多くの点で、階級や富、公的権威より高いのです。騎手は、自身を雇う人びとより有名ですし、広く称賛されてもいます。ひとたびコースに出れば、危険で困難な仕事が待っているのですが、それを劇的な技能で見事にやってのけます。格好の悪い、見下げたような仕事はしません。パドックで見られているのは、騎手が「指令、指示」を受けているところです。たしかに、調教師は、レースにおいてその馬に合った戦略を指導、助言しているかもしれませんが、すべての振る舞いが示しているのは、色彩豊かに彩られた戦士としての騎手がその場を支配し、いざ戦場に赴かんとして数刻、歓呼を受けているという事実なのです。

　こうしたわたしの新たな見方をカーン博士にぶつけてみました。博士は自分の意見を否定されたかといささか気色ばみましたが、おおむね賛同してくれました。そして自分の博士論文は二〇年も前で時代遅れになっているが、騎手の「公的な」立場は変わっていない。騎手が戦士だというこちらが出した譬えは、サークルにおける現在の位置づけを正確に反映していると指摘してくれました。

白状すると、そのころは少しばかり独りよがりになっていました。というのも、パドックの埒に寄りかかって観察していただけで、この結論に達したわけで、パドックにもっと近づいて行って、騎手や調教師、馬主に聞き取りをしなければいけなかったのです。一〇年ばかり調査の訓練をしたり、実践をおこなっても、言葉にならないサインを明確に見分けるのはまことに難しいといわざるをえません。社会心理学者の友人たちはどの人も、力関係の微妙な変化も即座に見抜けられます。そして、それができたからといって、自画自賛するわけでもありません。

さて、ようやく、何人かの騎手に聞き取りができるようになったころには、かなり緊張してしまいました。勇敢な戦士にたいするしかるべき畏敬と尊敬の念があったのですから、それも当然ですし、皆さん半裸の状態でしたから、ドキドキした原因はそちらのほうでした。会ったのは、チェップストウ競馬場の騎手用更衣室の隣にある小さな喫茶室でした。出だしは最悪でした。はじめに、競馬場の役員から「人類学者」と紹介されたのですが、騎手たちはこれを「見習い騎手」と聞き間違えたのです――まあ、これも体つきがまさにそれくらいでしたから、無理もなかったでしょう。その結果、皆さんこちらにヘンな質問をするし、こちらからもおかしなことを訊いたりして、どちらも混乱してしまいました。

多少つっかえながら最初に訊いたのは——平地の騎手と障害の騎手との違いといったところでした——すると、それを遮ってタオルを被った戦士が「あんたのボスはだれよ」と。「ええと、今回のプロジェクトでは、リー・リチャードソンが上司ってことになるのかしら」と困惑気味に答えました。「聞いたことねえなあ」と別の騎手。「リー・リチャードソンて、どこの調教師だ？　ランボーン*にはいねえよな」

ようやくお互い間違いに気づき、こちらの方から人類学者について説明すると、周りはさらに混乱。半分はつぎのレースに逃げて行ってしまいました。しかし、騎乗予定のない騎手たちは、こちらがさらに質問を続けようとするので、競馬人らしい丁寧な態度を示してくれました。

「レース前、パドックで、馬主にはどんな話をするんですか？」

「ああ、いつもくだらないことよ」

「くだらないって、どんなこと？　たとえば？　教えてくれる？」等々。

こうした質問に正直な答えを引き出すには、まずもって「調査対象者の信用を得て」おかなくてはいけません。ケンブリッジで指導を受けた著名な社会科学者にいわれたのが、まさにこの点でした。調査対象者が不確かなのは、こちらが何を求めているのか分からないからなのです。半裸の戦士でごった返す部屋の中で、わたしが適切な質問術について学んだ成果を思い出せなかった。ところが、偶然にも、社会科学者もかくやと思われる方法で「調査対象者の信用を得ることになった」のです。つまり、人畜無害を分かってもらうためにお道化てみたり、これ見よがしのヨイショをしたのです。この場合、わたしの容姿も利点でした。小柄でブロンドの女の子。それは脅威でも、警戒心を催すものでもありません。ひとりはクスクス笑い、二人は目をパチクリさせるなか、「まあなあ、でっかい障害を飛ぶにゃ、そうとう勇気がいるわなあ」とひとりがいって、この返答で、わたしが人畜無害である証明になりました。信用など問題ではなかったのです。騎手たちは、馬主や調教師との関係といった詮索好きの質問にも喜んで答えてくれました。

ひとたび信頼関係ができると、細かいチョッと答えにくい質問などもできるようになりました。たとえば、「着外になりそうな馬に乗ってて、馬主になんていおうか、どの時点で考え始めるの？　つまり、脱鞍所に戻ってくる道々お話を作るとか、それとも、着外がはっきりしそうなレースで始まる前にすでに考えておくのか」といった質問です。これには騎手たちも薄笑いを浮かべましたが、なかのひとりは激しく反論して「そんなこと、訊くもんじゃねえぜ」と。とはいえ、返答は貰いました。ひとりの騎手が告白したのです。「オレ、先週、乗ったんだけどさ、調教師が前の晩にいった通り騎乗しただけよって」

＊ランボーン＝イングランド、ウェストバークシャにある村で、競走馬の牧場が集まっており、ニューマーケットと並び称される。

◉チーム・スピリットの問題

騎手と馬主や調教師とのあいだで交わされる「レース後の」会話をめぐる複雑、微妙な作法、これについてはのちほど触れますが、三者それぞれの代表者に聞き取った片々を総合判断しなくてはなりません。ただし、更衣室で聞いた時点では、騎手同士お互いの関係性がもっとも注目を引きました。というのも、騎手たちというのは、レース中はもとより、どの馬に乗るか、どの調教師につくか、勝利数はどうか等々、つねに互いに競争するライバル同士だということを、思い致さなくてはいけない。なかなかそれに思いつかなかったのは、ロッカールームの雰囲気がチームスポーツのようだったからです。つまり、とりわけ堅く結びついたメンバー間で見られる友情や団結力で溢れていたのです。

この調査に入る以前、わたしは競馬サークルについて「底抜けに楽観的」に考えていると非難されていました。褒めるところなどないのも知らないで、明るい外見しか見ていないといわれたものです。アフリカ専門の民族学者は、どれもこれもゆがんだ見方——未開人を称賛する「高貴な野人」観のような——をするといわれてきました。しかし、騎手が栄光のためだけでなく生活のために互いに競うということを知れば、冷静かつ皮肉屋の研究者でさえ、騎手たちのチーム意識や行動に感動するでしょう。

わたしも、騎手たちがライバルにたいし妬みや嫉み、憤懣をもたないなどと考えるほどお人よしではありません。騎手たち相互のやり取りや公の行動を見るかぎり、そうした感情はほとんど表に現れないというのが、わたしの観察です。そもそも、騎手がほかの騎手の悪口や不平を公然の場で口にしたのを聞いたことがありますか? むしろ、仲間の戦士をこぞって擁護しようとするのを耳にすることが多いでしょう。その後の運営役員への取材で分かったのは、こうした仲間意識が、騎手への審問をするさい、口裏合わせをしたり、互いの違反行為を批判しないなど問題となりうるということでした。

わたしの観察に役員からお墨付きをもらったので、戦士たちのチーム・スピリットに合理的、学問的分析をすることになりました。そこで思いついたのは、こうした現象には「旅回りのサーカス一座」が一つの役割を演じているのではないかということでした。騎手たちはおなじ顔ぶれで、競馬場から競馬場へと夜も日も明けず移動して歩き、検量室と更衣室のあいだを行き来しながら、午後のほとんどを共に過ごすのです。ある元騎手はわたしに「驚くことはないさ。みんなチームのように行動するんだ。たぶんどのスポーツ・チームより一緒にいる時間は長いんじゃないかな。現役のころは、家族といるより騎手仲間といる時間のほうがはるかに長かったよ」。とはいえ、こうした側面は、騎手の行動特性をかならずしも説明することにはなっていません。多くのプロ選手はチーム・スピリットをもつことなく毎日、ともに仕事をしているからです。

かくして、危険の絡む仕事だということが、一体化を育むのだろうという結論に達しました。ライバル関係にある騎手同士の結束力とか連帯感、信頼には程度はありますが、レースに騎乗することに伴う危険という点では、仲間意識は大きな意味があります。わたしが騎手を「戦士」といったのは、けっして奇を衒《てら》ったのではなく、競馬サークルのなかでの騎手の立場、役割といった特性を表現しようとしたからです。若き勇者だからこそ、日々、自らの技能、勇気、忍耐力をかけ危険を冒しているのです。

騎手という仕事の物理的な危険性、しかもそれを共に経験することこそが、彼らのあいだにチーム・スピリット、仲間意識を醸成するのです。危機感が危険性を共有する「心の結びつき」は、過去にもしっかり証拠があります（第二次世界大戦中、イギリスはドイツの空襲を受けましたが、そのとき人びとが結束力を強めたのは恐怖からだといわれます。これを「ブリッツ（爆撃）・スピリッツ」といいます）。ですから、毎日のように共に命を懸けることが騎手のあいだに連帯感や仲間意識を、相当ていど生み出すように見て取れます。

この分析が正しいとすれば、平地の騎手より障害の騎手のほうが、より「結束力」が強いとはだれもが予測できるでしょう。なにしろ、障害を飛越するレースのほうが肉体的な危険度は高いからです。わたしが集めた聞き取りや観察を見るかぎり、これは当たっているようです。障害、平地どちらも抜群の団結力を示しますが、障害騎手の方が仲間への忠誠心や同化意識がひじょうに強いように思われます。ただし、期待するほどの有意な差異ははっきりしませんでした。しばし思いあぐねたものです。どうみても危険度の違いに合わないからです。わたしは経験から得た実証が持論にピタリ合わないのは嫌いなのです。ともかく、騎手の問題は、しばらくのあいだ、心を悩ませましたが、けっきょく、思い至ったのは、危険と恐怖について見落としていた別の「体感」のことでした。つまり、艱難辛苦の共有が一体感を生むとした研究や実験の多くを忘れていたのです。

わたしが聞き取り調査した、ひとりの障害騎手は、危険の共有という要素が平地騎手のあいだでも、予想以上の「一体感」を説明できるかもしれないといってくれたのです。障害騎手の方が平地の騎手よりはるかに過酷な生活なんじゃないかとわたしがいうと、かれは「いいや、そうとばかりもいえない。たしかにオレたちの方が危険かもしれないが、平地の連中も体重を維持するのに食事制限したり、痩せたりしなくちゃならないから、かなり大変なんだ。オレたちがクソレタスの葉っぱで節食しているのとおなじに、連中も減量の努力をしてるんだ。そりゃじつに過酷なもんだぜ」。平地の騎手たちがこうした困難さや耐乏を共有してるのも仲間意識の一端を説明できるでしょう――たぶん、わたしの危険説にかならずしも適合しない一体感の部分を解き明かすには十分でしょう。

暴力や攻撃に関する研究で、不平、不満が原因のひとつと考えれば、このことはもっと早くに考慮すべきでした。人は、穏やかな不満を経験しているとき、もっとも攻撃的になりうるとさまざまな実験も明らかにしています。最低限の不満状態、つまり快適で満足すべき状態にあるとき、人はほとんど、あるいはまったく攻撃的にはなりません。これは、ことさら驚くべきことではない。驚くべきは、不満が最高度にあるときも、ほとんど、あるいはまったく攻撃的にならないということです。人が攻撃的になるのは、不満が宙ぶらりんのレベルにあるときなのです。つまり、イライラが高まっていながら、諦めや仲間意識に頼るほど深刻ではないというレベル。言い換えると、善きおこないをするには五つ星の満足か極端な不満か、どちらかが必要なのです――リッツ（ホテル）かブリッツ（空襲）か、なのです。こうした研究調査を使ってパブを統括する会社に説明しました。経営が上手くいかなくなっているパブに身の入らない「改装」ばかりしていて、客の行動を改善することだけを期待していると説明するのです。じっさい、そんなことをしても「不快なパブ」に変えるだけで、それは問題をさらに悪化させるだけ。会社には、徹底的、完璧な改装を実施するか、放っておくかどちらかしかないと助言します。

つぎに競馬場へ行ったとき、前々から何かと情報を提供してくれていたカップルに、このことを話してみました。ですが、騎手のダイエットと不満説との面白い関係話は、ただ目を輝かせただけのようでした。わたしの長い説明の途中で、二時三〇分のレースでどの馬が勝つか議論を始める始末。いささかムッとして、その場を離れ、一人アイスクリーム奪取に向かいました。

◉フランキー・ディットーリ効果

騎手の地位やイメージは数十年のあいだに徐々に変わってきましたが、ある一人の現代戦士が、ここ十数年で急速かつ大きな特筆すべき変化をもたらしました。メディアや大衆の心を鷲づかみにした華麗な戦士は、フランキー・ディットーリです。その影響は競馬界全体の隅々に至るまで、ますます鮮明になってきました。

フランキー以前にスターダムにのし上がった騎手がいなかったわけではありません。ですが、「スーパー・スター」の名にふさわしい振舞いをした騎手はいません。つまり、フランキー以前のトップ騎手はポーカーフェイス、無表情なプロといった雰囲気を漂わせる傾向が強かった。なかには、笑顔でお喋りな騎手もいましたが、感情や興奮を表に出すのはまれだったのです。下級の騎手や向上心のある騎手は、当然のこと自分たちの英雄の挙措動作を見倣ったものですが、それも、つねに冷静沈着、無表情を装うというのが一般的でした。

平地にせよ障害にせよ、リーディングクラスの騎手は、おおむね、ものに動じない、感情的にならない姿勢を貫きます。ですが、フランキーの影響が顕著なのは騎手たちのあいだだけではありません(フランキーといえば、飛び上がって下馬するパフォーマンスですが、これはチェルトナムでもエイントリーでもほかの騎手がやるのを何人も見ました。ですが、大きなレースに勝っての飛び降り下馬が新たな伝統になるかは疑問です)。若い騎手たちにとって、フランキーが新たなタイプのモデルを体現しているのは確かです。大レースで勝って表現される昂揚や、ときには子どもじみた喜びも、威厳を損なうものだとか、プロらしくないと、いまや周囲に受け取られなくなっていることを若手騎手たちは知るようになっています。それどころか、「マスメディアの大騒ぎ」を無口で通して受け流す必要もないと感じているのです。というのも、新しいモデルが、メディアの注目をむしろ楽しんでいるからです。ボディ・ランゲージの観察者なら、すでに気づいていたでしょう。フランキーがテレビのインタビューを受けると、まともに相手にせず、賢いお喋りをしたり、ウィンクしてみたり、カメラ目線で身振り手振りしたりする姿を見ていると、いずれ、司会者やコメンテーターにでも転職しようとオーディションを受けているかのようですね。

若き戦士たちへのフランキー効果が、ここ数年で広範囲で顕著になることはないかもしれませんが、いまの若手がトップに上り詰めるころには、プロ意識もいまよりは温かみがあり、開放的で感覚的なものになるでしょう。競馬サークルの戦士にとっては、これもサッカー界のヒーローのように、独りよがりの感情炸裂型になることはないでしょう。つまり、騎手が自分の思い通りに物事が進んだからといって、あからさまに雄々しく見えたり、涙を見せたりする姿を目の当たりにすることはないでしょう。ひどい落馬や痛々しい怪我も、チョッとした災難くらいに扱われるでしょうし、過ちもしっかりした威厳をもって捉え得られるのです――ですが、積極的な感情は、いまよりもっと自由に、かつ派手に表現するようにはなるでしょう。

フランキー効果は、すでにトップクラスの馬主や調教師の行動に現れています。たとえば、イギリス、アラビアいずれの貴族社会の堅苦しい形式主義をフランキーは拒否しましたが、これが両勢力の行動様式に大変革をもたらしました。調教師のサー・ヘンリー・セシルを顕彰する儀式にシェイク・モハメド殿下*が出席しましたが、お道化《どけ》たり、笑ったりするその異様な光景は、フランキーの影響がなければついぞ見られなかったでしょう。シェイク一族はその謹厳さで、最近まで有名でした。ダービーの勝利馬主になったときも笑顔を見せることはありませんでした。ところが、フランキーが飛び跳ねたり、笑ったり、だれかれかまわずハグしたりする様子というのは感染するものだと示したのです。おなじように、フランキーの有名な跳ね下り下馬やあけっぴろげな振る舞いに眉をひそめていた競馬サークルの保守的な古老たちも、徐々に膝を屈するようになり、いまでは心優しいオジサンのような微笑で、これらを見るようになっているのです。フランキーは競馬界を代表する人間と公的にも認められており、それゆえ、保守主義者の批判からはある種の外交特権のようなものが与えられています。競馬サークルの偶像崇拝的な精神では、たんなる有力な外交官以上の存在となっています。つまり、一介のスポークスマンとしてではなく、一族社会の象徴としてサークルを代表しているというわけです。競馬の幸運の守り神を否定することは、神の懲らしめを受けるでしょう。フランキーも、もちろん他の人たちとおなじさまざまな規則に従わなくてはいけませんが、パドックのエチケットというような些細な部分では、生きた伝説だからこそ奇態も許されるというものです。

＊シェイク・モハメド殿下＝イギリスをはじめ世界各国で持ち馬を展開させている、アラブの王族馬主。

第3章　呪術師

競馬サークルという部族社会において、騎手が戦士の役割を担うとするなら、調教師はさしずめ呪術師といったところでしょう。ポール・カーンの博士論文でも、まったくおなじような議論をしているのをたまたま発見して、この手の類推、比喩について少しばかり書き散らしたことがありました。多くの学術研究でも、こういう追体験、つまりほかの研究者も自分とおなじような見解に達しているのを発見することがあります。学術誌に載る研究論文などで、ブログ教授が一九八五年にまったくおなじことをいっているという意味で（ブログ：一九八五）などと氏名と年号を記述するのも、この理由からです。たぶん、そうだと思う。反論が予想されるようなことをいいたいときに、いささか自信のない部分に数人の名前と年号をカッコに入れて、自説を補強しようとする。あるいはまた、「わたしは……」といった書き方をしないで、「われわれは……と考える」とか「われわれの見方によれば……ということを示している」という書き方をします。というわけで、今回も人類学誌向けにこれを書いているとしたら、「数が多けりゃ安全」という俚諺《りげん》を採って「われわれの見出したところによれば、調教師の役割は部族社会の呪術師に比類しうることを示している」と書いておきましょう。ともあれ、学術論文ではないので、カーン博士の陰に隠れることもできないし、共同研究者のヨロイを着て「われわれは」という、いつもの言い方もできません。

幸いなことに、調教師と呪術師との類似はまったくもって明白です。テレビで競馬を観ていても、調教師の魔力に部族、サークルの人びとが強い信頼を寄せていることがすぐに分かります。呪いをかけたり、ゲンを担いだり、なにかと超自然的な魔法に頼りがちな競馬文化のなかで、馬を勝利に導こうとする騎手の技は、まことに明快で具体的、見てすぐに分かるものです。それとは対照的に、ゴールを目指す調教師の役割は、本質的に漠然としていて神秘的ですらあります。

◉奇跡の仕事人

調教師は部族社会の呪術師や祈祷師、雨乞師のように、調教馬が勝てば奇跡をおこなったと褒められますが、負けても責められることはめったにありません。本命馬が責務を果たさなくても、サークルの人びとは調教師の神通力を問題視しません。むしろ、天候や走路状態、ペース、ハンディキャッパー*、馬番、騎手その他もろもろの難条件のせいにすることが多い。レースに勝てない原因を馬のスタミナやスピードあるいは性質に疑いを差しはさむことさえときにはあります。調教師の技量を批判しようと思うことはほとんどありません。同様に、多くの部族社会では、施療がうまくゆけば呪術師に絶対の信頼がおかれますし、死亡など否定的な結果のときも、神的ないし魔術的な影響とか、師の手が届かないさまざまな要因に帰するのです。

馬がレースに勝てば、その勝利はメディアで喧伝されます。曰く「ヘンリー・セシル師の感動的なトレーニングの成果！」とか「デイヴィッド・ニコルソン師はじつに目覚ましい調教をおこない、この馬に奇跡をもたらした」とか「ジョン・ダンロップ師の素晴らしい管理の結果が出た。この馬の状態を絶好のピークにもっていったのだ」等々。ところが負けると、たとえ掛け値なしの大本命であっても「ルカ・クマニ師のまずい調教の結果だ。そもそも二歳牝馬をこのレースにもってくるなどありえない」とか「マーティン・パイプ師の判断ミス。この馬が三マイルもたないことを知るべきだ」といった解説者の話はついぞ聞いたことがありません。そんな解説は想像だにできないし、冒瀆でもあります。

これはまさに埒もない考え方ではありますが、それにより、部族社会であれば呪術師や雨乞師がそのなかで高い地位をゆるぎないものとさせているのです。雨乞師が神儀をおこない、雨が降れば、その魔力が功を奏したことになります。一方、その逆に雨が降らなくても、神が怒ったからだとか、だれかが祖先を穢したからとか、割礼の儀式がしかるべきときにおこなわれなかったとか、あるいはまた、ヤギや牛に施す諸事が正しく成就しなかったからだとか、いろいろな理由づけがなされるのです。

＊ハンディキャッパー＝ハンディキャップ・レースで馬の戦績などを考慮して、負担重量を調整する委員。

いうまでもなく、人類学者は部族の人びとを非合理だからと非難したりしませんし、奇妙な信念を笑いものになどしません。われわれとしては、そうした信念、規範に特徴的な「内的論理」を発見しようとするのであり、それらはいずれも西欧の合理的な因果観とまったく「等価」であると考えているのです。ところが、競馬サークルの場合、いささか学問的皮肉屋にならざるをえない。部族社会で、西欧的な合理主義や因果論を理解できる人もいるかもしれませんが、それは単なる偶然。ですが調教師の能力について神秘的な信念が定着しているのを見ると、競馬という世界のなかでは、みんな論理的思考を捨ててるのじゃないかといわざるをえません。

競馬サークルにおける呪術師に畏怖の念がもたれていることは認めます。ただ、それは奇跡的な力があると信じているわけではなく、調教師を取り巻く威信とか神秘の発するオーラが驚くべきものだからです。野心的な若い調教師、何人かに取材したことがありました。掴まえやすかったということもありますが、すでに名声の確立した呪術師たち、ジェニー・ピットマン師やデイヴィッド・ニコルソン師などは恐れ多くて近づきがたいと思っていたからでもあります。両師ともとび抜けた才能の持ち主で、とりわけジェニー・ピットマン師には、ある日のこと、チェップストウの検量室で肝の冷える思いをさせられました。検量委員やほかの開催委員とお喋りをしていて、ジョークに笑い声をあげたときです。それがピットマン師の注意を引き、振り返って、検量室全体に響くような大声でいわれたのです。「お嬢さん、楽しんでますか」と。その声音は、言葉とは裏腹に、わたしがそこにいてはならないこと、また各委員の職務中にくだらないお喋りで邪魔していることを意図していました。優しく呼びかけたのかもしれませんが、こちらとしてはすくみ上ってしまいました。

その検量室には、デイヴィッド・ニコルソン師もいましたが、何の手助けにもなってくれませんでした。とりたてて、ニコルソン師を怖がる理由はありませんでしたが、師は見るからに偉丈夫。周りのだれもが気を遣って通りかかっているようでした。経験豊かで、自信たっぷりの競馬ジャーナリストでも、「デューク」にインタビューしようというときは緊張し、過度にへりくだることは、わたしも知っていましたし、じっさい短気で、バカは相手にしないと評判でした。ニコルソン師は競馬サークルで尊敬すべき人、強い影響力のある人物で、わたしもトップクラスの調教師にインタビューする必要があるときでも、ニコルソン師に近づく勇気はありませんでした。じじつ身を小さくして邪魔しないようにしていたものです――これは人類学者として正しい行動でないことは分かっていたのですが。これまでいろいろな民族誌の報告を読みましたが、「呪術師の長《おさ》に聞き取りをすべきだったが、たいそうな人物で恐ろしく、できなかった」などと調査員が書いているのを読んだためしはありません。

◉仮面の裏

チェップストウ開催後の月曜日、リー・リチャードソンから電話が来ました。モシモシの一言もなく、いきなり「デイヴィッド・ニコルソンに話をしたの？」と追及するような調子。

「な、何ですって?」とまごついていると、

「土曜日にさ、チェップストウでデイヴィッド・ニコルソンに何ていったんだい?」と繰り返します。

「何も。一言もないです。デイヴィッド・ニコルソンに話しかけたりしてませんよ。その気もないし。わたしがデイヴィッド・ニコルソンに話をしたなんて、なんでお思いに？」

「かれさ、『レーシング・ポスト』にコラムを書いてるわけ。で、編集部が代わって、あんたのこと訊いてきたのよ」

いやはや、デイヴィッド・ニコルソン師の気分を害することを何かしでかしただろうか自問しました。検量室にふさわしくない邪魔者はこのわたしだとジェニー・ピットマン師にいわれたのでしょう。デイヴィッド・ニコルソン師の問い合わせにこちらからは何もいうことはなかったので、ニコルソン師が『レーシング・ポスト』で何と書くか待ってみるしかないなと、リーはぶつぶついっていました。これにつっかえながら謝り——じっさいまったく見当がつきませんでしたし、そうするしかないと思えました——、そのコラムがいつ出るのか訊くのを忘れたくらいです。それから、数日は『レーシング・ポスト』に思い当たる記事は出ませんでした。全体、なにかの間違いだったんだと思うようになりました。

つぎの土曜日はピーターとチェルトナムにいました。カーン博士から特別席で昼食に招待されていたのです。少し早く着いたので、わたしがコーヒー・カウンターの列に並んでいるあいだ、ピーターは『レーシング・ポスト』を買いに離れました。すると数分後、デイヴィッド・ニコルソン師の記事が載ったところを指しながら、大笑いで戻ってきたのです。《狐オンナ、チェプストウに現る》と見出しにあるではありませんか。わが苗字フォックスをもじっていることは一目瞭然。新聞を奪い取って読んでみました。

競馬場にはついぞ見かけない、ブロンドの若い女が先週の土曜日、チェプストウに現れた。BHBのリー・リチャードソンの下で人類学の調査とやらをしていたが、ビックリだった。聞けば、ケイト・フォックスという、おそらく競馬場やファンの様子を調べるよう依頼されていたのだろう。午後いっぱい、検量室にいて委員や騎手を観察していた。と同時に、開催委員の方も午後のあいだじゅう、女性を眺め、なかの数人などは近寄りすぎてよだれを流してたぜ！

これで彼女には気を悪くしないでほしいが、どんより曇った秋空、彼女の方も晴々した様子だった。競馬の仕事がどんなものか見たければ、いつでも朝七時に来ればいい。歓迎だ。

とっさの印象としては、「デューク」の不興を買ったわけではないと思い、ホッとしました。ところがそのうち、人目につかないようにしていなかったことで、リーからまた怒られるのではと心配し始めたのです。ピーターからは波風を立てないようにと何度もいわれてましたし、「キミは光栄に思った方がいい。リーも喜ぶべきさ、有名調教師にインタビューしたいって懇願し続けるべきだな。でも、いまやはっきりと歓待すると書かれたじゃないか」

これは新たな波風となりました。デイヴィッド・ニコルソン師の脅しのような招待を受けるべきなのか？　いや、本当に招待されたのか、それとも単なるおちょくりなのか？　広大な調教場に行ってみたいという気持ちは溢れんばかりでしたが、偉大な呪術師がわたしのことを馬鹿にするのは見たくはなかった。ですが持ち前の図々しさで月曜日にリーに会って、どうしたものか訊いてみることにしました。

しかし、その間も、『レーシング・ポスト』の記事のことは片時も忘れませんでした。なにしろ、特別席にいた人たちは、ほぼ全員それを読んでいましたから。ポール・カーンがわたしを居合わせた人たちに紹介したとき、何人かは声を上げたものです。「あらー、あなたなのね。デイヴィッド・ニコルソンのコラムにあったのは……」なかに一人だけ『レーシング・ポスト』をまだ読んでいないで、他人から聞いた人がいた。同紙のライバル『スポーティング・ライフ』*に当時、寄稿していたクレメント・フロイドでした。『スポーティング・ライフ』は「出し抜かれた」とだれかが冗談にいったのですが、クレメントは笑いもしませんでした。「そう、キミのことは聞いたことないな。ボクは」といったのですが、それは、わたしにはニュース・バリューがないということで、すぐに話題を変えてしまいました。こちらも心底ホッとしましたが。

月曜日になって、恐々リーに電話をかけました。控えめに調査してればいいのに、メディアの注意を引いてしまったことで、またぞろ叱られるのではないかと気をもみました。冒頭から単刀直入に謝り始めると、リーは、まあ落ち着け、今回の一件は問題にならないよといってくれたので、やや気を取り直しました。そして、人目につかないようにした方がいいし、少なくともニコルソンはこの調査に批判的じゃないと続けました。ところで、ニコルソンの厩舎を訪ねるよう電話したかいと訊いてきたのです。

いいや、まだですとわたし。むしろ、どうしたものか訊こうとしていたくらいなのです。「ニコルソンの意図は何だと思います？　電話した方がいいと、本当にお思い？　わたしの代わりに電話して。どういうことなのか……」

「いいや、できないよ。馬鹿をいってんじゃないよ！　招かれたのはキミの方でボクじゃないし、すぐに電話して、スケジュールを合わせて、調査に行ってくるんだ。ケイト、キミの課題は何さ？」

わたしがデイヴィッド・ニコルソン師を怖がっているとは認めたくなかった。そんなことプロらしくないし。しぶしぶ、尋ねることにしました。

「デューク」に電話すると、ニコルソンはぶっきらぼうに、短く返してきました。「ウン、もちろん来たらいい。水曜日、七時だと混みあうからな。その一五分前、遅れるな」

かくして、六時四五分きっかり、肌を刺す寒風のなか、ガタガタ震えながらデイヴィッド・ニコルソン厩舎の門前に立ったのでした。漆黒の闇のなか、事務所と思しき所にライトを当て、おずおずと近づいて行きました。すると、大柄の人影がどこからともなく現れ、影がわたしに覆いかぶさってきます。「遅れたな」と罵るようにその影が声を発します。「あそこにあるランド・ローバーに乗れ。オレもすぐに行くから」

もちろん、すぐに従い、ランド・ローバーに身をすくめて座りました。その間、呪術師は走りまわっている厩務員に大声であれこれ指示を出しています。馬の方も、オトコの影が近寄ると注意を向けて

＊『スポーティング・ライフ』＝一八五九年創刊の競馬新聞。現在はオンライン版に移行。

立ち止まったり、指さす方向に動いて行ったりするように見えました。

呪術師の指示で、馬も乗り手も小さく円になって輪乗りをします。それを見ながら助手がクリップボードのリストから一頭ずつチェックします。どの馬も輪乗りをしながら、鼻息が雲のような蒸気になっています。薄暗いなかで繰り広げられるその光景は、あたかも古代の神秘的な秘儀のよう——ストーンヘンジでおこなわれたというドルイド教*の礼拝のようでした。

呪術師が杖をひと振りすると、整然とした輪が、こんどはきっちりと一列になります。大きな黒々とした一団が道路へと出てゆくと、「デューク」がようやくランド・ローバーに乗り込み、わたしの隣に座りました。

「どうだい?」それはそれは、親しげなお尋ねとなりました。

「えー、まあ、素晴らしい。ありがとうございます。ご親切にお招きをいただきまして。お邪魔にならないようにします」と、もごもごと返します。

「そうか」。偉大な呪術師はオジサンのような笑みを寄こします。

クルマは泥道を揺れながら進み、全体が見渡せるところに停まりました。そこからは、一列になった馬群がギャロップへと歩様を上げていく光景が見られました。デュークは、前方を横切って行くぼんやりした影の一頭、一頭の名前をあげ始めました。どうして、一頭ずつ見分けられるのか、わたしにはサッパリです。かいもく見当もつかない、幽霊のような形にしか見えないのに。そのひとつを指して、しかじかの名前で有望な障害馬だがチョッとばかり手がかかるとか、そのつぎの亡霊の馬名は云々カンヌンで人懐っこい長距離馬なんだとか、話してくれるのでした。

一頭ごとの能力や好き嫌いを熱っぽく語る、その口ぶりは、優しい爺ちゃんが家族写真を自慢しながら話すのにそっくりでした。畏敬の念を抱かせる呪術師は、ひじょうに人間的で、わたしの心を落ち着かせ、信頼感を催させるに十分すぎました。どうにも不思議でならなかったのは、デュークの方では馬に関心や注意を払っているのは当然としても、厩務員たちには関心があるのか、ということでした。とっさに訊いてみました。「馬に乗っている厩務員の名前、いえます?」

わたしが訊いた真意をしっかり承知しているように、軽蔑した目を見せ、馬名をあげるのから厩務員の名前に語り口を変え、それも間髪を入れず、滔々と並べるのです。「あれの名前はかくかくしかじか、あだ名はチョコレート、みんなからチョコレートと呼ばれてる。あの栗毛に乗ってるのはあれこれって云って、女と別れたばかりで、落ち込んでる。こっちのヤツの名はだれそれで、仕事ぶりは最高。乗り方も素晴らしいのさ。オッカさんの具合が近頃おもわしくないんだが、あいつ、それをいっさい顔に出さないんだ。それから、こっちの娘っ子はだれそれ、担当の馬をしんそこ可愛がってる。それから……」

「オーケー、オーケー。前言撤回よ。ちゃんと答えてくれて。本当に誤解してました。すみません」

師は笑いましたが、さらに三、四人の乗り役について詳しい話を続けました——それは、慈悲深い

＊ドルイド教＝古代ケルトの宗教。

雇用主ならではの詳細でした。かくして、より慎重に接しなくてはいけないと感じ、この人には一知半解な思いこみはしないようにと戒めたのでした。

二人でトレーニング風景を観察し、わたしは素朴な質問をいくつもぶつけ、それにたいし一つ一つ丁寧な答えで応じてもらいました。そうするうち、師の住まいに戻り、朝食を供されました。途中、朝はお茶とコーヒーとどっちがいいかと訊くものですから、朝食にはいつもお茶をというと、「オー」と、いささかがっかりした声でいうのです。そのときは、それ以上考えもしませんでしたが、夫人が出てきて、わたしがコートやらスカーフを取っていると、お茶にするかコーヒーにするかと、こんどは夫人から訊かれました。

「お茶をお願いします」

「あら、まあ」とやや眉をしかめて夫人が答えます。

空気を察したわたしは、いそいで「コーヒーで、もちろんけっこうです」と付け加えました。

「それは、いいわ」と笑い声をひそめて打ち明けたのです。「じつはね、主人、あなたに特別なコーヒーを淹れようとしたのよ。あなたがお出でになるっていうんで、特別コーヒーを淹れようって、主人がきかなかったのよ」

わたしは、呪術師が気持ちを込めてコーヒーを淹れ、ミルクを差してかき回しているのを眉根を寄せて注視していました。そして、素晴らしい自家製ジャムをトーストに塗りながら、恐るべき怪人話はこれきりにしようと思ったのです。とにかく、朝食のテーブルに集まったスタッフたち、客人にたいし気配りし、思いやりを尽くそうとしている師の姿を目撃しました。人間観察を生活のタネにしている人間に向かって、汝はどうしようもない性格判断をしているぞと、独り言《ご》ちしていました。

朝食後、話の訊ける人間はいないかと、あちこち歩いてみました。すると、デイヴィッド・ニコルソン付きの厩務長にばったり出会ったのです。その人は馬具の手入れや馬房の掃除に忙しくしていましたが、根掘り葉掘り訊くわたしにも気兼ねなく答えてくれました。はじめはとても怖い人だと思っていたけど、いまでは考えを変えたわというと、「あー、そう」といい、周りを見回して、聞いている人間がいないと確かめて、そっと囁くようにいったのです。「あの人は自分で思っている以上にはるかにいい人だよ」

◉呪術師は情報交換しない

デイヴィッド・ニコルソン調教師は、わたしが「まともな」聞き取りに成功した、数少ない一人です。ほかの調教師や調教助手との話は、競馬場でチョットしたあいだにしたもの。かれらがつぎの出走馬に装具を付けたり、馬主の子守に駆けて行く隙間を狙って、三つばかりの質問を投げかけるのがやっとでした。競馬場での調教師はまさに仕事の真っただ中。わたしなどの闖入《ちんにゅう》は執務室や会議室にいる重役に話しかけるようなものです。それなのに、取材した調教師たちは、作業中であることを過剰なくらい謝るのです。競馬サークル特有の礼儀で、「本当にすみません。この馬に鞍を付けなきゃならないんで……。馬主さんは何してたんだっていうし、ホント、うるさいんですよ。嫌がらないで下さい。そんなに時間かかりませんから」

　こうした礼儀正しさに接すると、仕事の邪魔をしている申し訳なさでいっぱいになってしまいます。こちらの方も、まずは謝り言葉から始めることになるわけですが、こうした遣り取りをしていると、自制と厚かましさとが綯《な》い交ぜになります。サークル独特の挨拶に慣れてくると、詫び言葉の遣り取りをうまく省略することも知るようになりました。しかし、はじめのころは、わたしのせいで多くの馬主に装鞍所でイライラしながら待たせることもありました。

　調教師への、このような立ち話の取材は効果的な方法ではなかったので、結局、かれらの行動を成すさまざまな社会動態学的な要素をあちこちから寄せ集めるしかありませんでした。それらのなかで、もっとも注目したのは、調教師同士の関わり合いでした。競馬サークルにおける調教師相互の関係は、いささか異様なのです。つまり、サークル内で他の職域の人びとを特徴づけている団結心や協調性といったものを、調教師たちは示さないのです。呪術師たちは、レースや各所の集まり、祝い事ではにこやかにお喋りなどしていますが、戦士やメディア関係者、馬主、厩務員と比べると明らかに閉鎖的で相互の信頼感が薄い。

　調教師というのは互いに相争うライバル同士です。けれど、それは騎手も競馬メディアも、そして馬主もおなじです。ライバル関係にある騎手たちも、ジャーナリストも馬主も、そこにみられる互いの助け合いや信頼、親しみ、その程度のほどは目で見ても分かります。それに比べて、調教師たちのあいだに見られる「ごくふつうの」競争心、張り合う精神は特筆に値します。といっても、彼らに友情がないというわけではありません――そんなことをいったら、甚だしい誇張です。ただし、その敵愾心といったら、これは一目で分かるようなものなのです。

直接に競争関係にない調教師たちの関係が緩やかになるというのも偶然ではないでしょう。たとえば、功名心に躍起になっている若い新人を、トップのゆるぎない位置にいる呪術師が面倒を見ることは多い。若手が自分の仕事を奪う心配がないからです。一方、同クラス、おなじ能力をもつ者同士であれば、互いに脅威に感じるのは大いにありうることです。

このようなライバル心のために、ほかの競馬サークルの人たちが、よく愚痴をこぼし、慰め合ったりする、助け合いの心地よさを、調教師たちは経験することが一般にありません。心配事や関心事を共有し合うという、社会学でいうピアー・グループ（仲間集団）をもつことはないのです。馬主から受ける法外な要求やアタマにくるような移り気にたいして、調教師同士で愚痴ったりしません。調教師も、もちろん「仕事の話」はしますし、できます。ですが、仲間内の話は、いつも個人的なことはあまりなくて、たとえば、ポートマン・スクェアにいる統轄組織上層部の法外でアタマにくるようなことに限られます。

騎手もジャーナリストたちも、プロのライバル同士ですが、それぞれチームメイトのように振舞います。調教師も互いに競争し合ってますが、文字通りライバルの行動なのです。なぜなのでしょうか。一見すると、調教師の行動は「ごくふつう」で「あたりまえ」ですし、むしろ騎手やジャーナリストの方がかわっているし、不合理ですし、説明が要るところです。ですが、競馬サークルという点からすると、騎手やジャーナリストのライバル関係が示す、互いの支え合いと結束力の方が正常なのです。この点、調教師はサークルの文化とは合わないといえます。それゆえ、調教師の行動の方が、むしろ説明が要るのです。

この件については、またまた蒸し返しの議論になると、わが内なる声はずっといってました。調教師同士のまったくふつうのライバル関係など、世間の目からすれば、何もおかしなところはない。だから、ことさら説明できなくとも問題はないともいってました。その内なる声は、わたしを窮地から救い出そうと、そういっているわけではなく、むしろ、わたしがこの文化のなかの見方に立って解き明かすべきだといっているのです。つまり、ライバル関係にある調教師が親友のようには行動しない、その理由説明をわたし自身がしなくてはいけないといってるわけです。かくして、「わたしにはできません」と泣きごとに甘んずる前に、もう一度やってみようと決めたのです。

まずはじめに思い至ったのは、競馬場にいるときの調教師たちが互いに出会うとすると、騎手が共用の更衣室で、ジャーナリストがプレスルームで顔を合わせるようには、調教師専用席にいることがあまりないからじゃないかと思ったわけです。しかし、さらに考えて、確かにそれもひとつの理由かもしれないが、それでは、調教師同士に社交的な結びつきがないことの説明にはならない。なぜなら、その気になれば、一緒にいる時間を増やすことは簡単なのです。自分の厩舎連中と隅っこの方に集まって冗談で笑ったりしていますが、そんなことをするより、馬主や調教師専用のバーで親密な交流をすることもできます。いや、これも的を射た正解ではありますが、そううまく話が収まるわけではありません。

　論理的に考えてみて、調教師同士のライバル関係には、騎手やジャーナリスト同士のそれとは本質的に異なるところがあると分かったのです。調教師、騎手、ジャーナリストともに等しく生活がかかっているのですから、仕事として違いはありません。それでは、調教師が生活のためにしていることと、騎手やジャーナリストが生計のためにしていることとの本質的な違いは何なのか。そこで、はたと気が付いたのです。「呪術師」という譬えを使ったとき、すでに答えが出ていたと。騎手が騎乗馬を勝利に導くためにしていることは目で見て分かる、はっきりしたもの（ジャーナリストが、レース記事を書いたり分析したりすることも、明確ではっきり分かる）ですが、調教師の役割は、はっきりしない、神秘に包まれているのです。

　いうまでもなく、この神秘性こそが部族社会の呪術師のように、調教師を高尚な位置に押し上げているのです。ですが、調教師の技量を客観的に比較することが難しいというわけではありません。「優秀な調教師を決めるのは何か」について普遍的な見方はありません。わたしが取材した馬主はみな、それぞれ異なる意見を述べていました。自分の調教師を選ぶに至った理由もさまざまでした。なかには、持ち馬が勝つ見込みがないのに調教師に異様なほどの信仰を抱いている馬主もいましたし、鈍足の持ち馬をはっきりとした理由もなしに他の調教師に移してしまった例もありました。

　調教師のもつ力は、騎手やジャーナリストとは違って肉眼では見えないことを考えれば、推理、推測するしかないのも当然でしょう。どの調教師を選ぶか、調教師にたいして忠義を払うか、これらについての馬主の対応は、主観的で、それだけに不合理な要素を伴わざるをえない。調教師が現在の顧客をつなぎ留めておくには、脇目をふらない（少なくともかなり近視眼の）信仰心に頼ることになりますし、新たな信者を獲得するには、個人的なカリスマに依ることになります。これはまさに呪術師とよく似ているところです。しかし、いかなる部族社会でも、ライバル関係にある呪術師、祈祷師、導師が秘儀を共にしようと仲良く集い合うとか、秘薬の調合を教え合うとか、雨乞に外れたから嘲笑し合うとか、それぞれの弟子が教えを守らないから叱責し合うとか、その手の話を聞いたことはありません。呪術師というのは、そもそも素っ気なく、秘密めいていなくてはいけないのです。ライバル同士の祈祷師は「情報交換」などしないものなのです。

とはいえ、呪術師も調教師も、いかなる社会関係とも無縁かというと、そういうわけでもありません。たしかに、同業同士の相互扶助的な関係はあまりありませんが、忠実な助手たち、厩務員、事務担当といった身近な部下たちから全体的な支援はだれもが受けています。献身的な顧客からも尊敬に満ちた注目を受けていることはいうまでもありません。

このように、呪術師という譬えを応用してみても、調教師間に社会的な結びつきがないと満足のいく説明になってはいませんが、合理的な論理であることは確かです。直感的なところは多少ありますが、競馬サークルに関する他の見方とあからさまに矛盾するものはありません。

第４章　書記役

競馬評論家や記者などジャーナリストは、過去を解説し、現在を称賛そして未来を予言する。ようするに、競馬界の代弁者であり預言者、そして競馬文化の活力でもある。伝説や神話、寓話の創り手なのです。

けれど、調査しはじめたころは、こうしたメディア関係者をどこか曖昧で分かりにくそうだと思っていたものです。つまり、競馬サークルにおいて私心のない観察者であり、分析家だと思っていたのです。ところが、この密度の高い社会で不可欠な要素であり、おそらくサークルで最高レベルにある人びとと密接な関係にあると思われます。

◉ひじょうに寛容な報道

競馬サークルの一員である、メディア関係の人びとは、調査、取材して文章を書いたり放送したりという表立った資格より、一員としての私的な役割の方が、その行動や表現に大きな役割を与えているように思われます。そのことは、たとえば、競馬新聞やテレビの競馬中継を見れば分かります。騎手や調教師を批判することがときにはありますが、おおむね過度な非難を控え、褒めながら緩やかに表現するからです。

これは、スポーツ・ジャーナリスト一般によく見られるところではありません。たいていは期待外れの監督やコーチ、選手にたいして、刺激的で敵対的、つねに攻撃的で批判に満ちた表現をします。トップランクのフットボールチームの選手が酷いプレイをすると、見出しは「恥辱！」「面目なし！」となり、無能ぶりを罵倒する記事がそれに続きます。

それとは好対照に、たとえば、「スターホース」が下位のレースに出走したりすると、「がっかり」といった表現をします。また、勇気ある挑戦には丁寧な説明を探ろうとしますし、関係の調教師や騎手の話も慎重に引用します。調教師、騎手いずれかに落ち度があるときも、たいていは直接に言上げすることはなく、穏やかな言い回しで表現します。たとえば、（調教師はこの馬を使いすぎた）といわないで「おそらく長い、ウンザリするシーズンの影響が出たのだろう」といったり、あるいは（まず責められるべきは、まずい作戦を立てたあの騎手だ）と書く代わりに「ふつうなら先行するはずが、抑えられて、折り合わなかったようだ」と表現したりします。

調教師や騎手による「がっかりした」走りの結果は、厩舎や個人の「最近の不調」とか「好いシーズンではなかった」と表現され、残念な状況も一時的なものにすぎず、おそらく誰のしくじりでもないというような言い方をつねにします。じっさい、しくじった調教師、騎手が顕著な成功を収めたり、以前の失敗が成功譚のなかで引き合いに出せるようになるまでは、どの競馬メディアもその件については言及を避けようとします。

これと同じような敬意が、たとえば得点力を失ったトップのフットボール選手にたいして、あるいは高額選手を揃えたチームが屈辱的な連敗を喫した場合にたいしても払われるなど、ついぞ想像できません。しかし、競馬ジャーナリストは、サークル内の人びとにたいし、いつも疑わしきは罰せずの精神で、緩やかな言い回しを探し、批判する場合も語り口はいつも柔らかで、フットボールの監督なら褒められているのだろうと勘違いするほどのものです。

競馬メディアが書いたり放送したりするさい、調教師や騎手を批判しないのは、自分たちの情報源、ネタ元になる人たちを攻撃できないからだと、皮肉な見方もできるでしょう。ただ、調査を進めていくと、ジャーナリストの慎重さにはプロならではの計算があることが分かります。とりわけ調教師は「短気で、怒りっぽい」ことで悪評高く、偏った批判と思える記事を書かれたと、ある評論家などに数週間も冷たい態度を取ったといわれます。

されど、競馬ジャーナリストの記事に悪意がないのは、競馬サークルのあいだに連綿としてある結びつき、信義の現れですし、競馬文化におけるジャーナリストの立ち位置を示すものでしょう。ジャーナリストは、その仕事相手とする調教師や騎手とおなじく、サークルの「中心」にいるのです。各地の競馬場を巡り歩く小さな旅のサーカスにあって、ジャーナリストは欠かせない一員で、一年中、ほとんど終日、互いに肩を寄せ合って共に過ごすのです。この社会において重きを置かれ、信用と尊敬を与えられているのがジャーナリストなのです。

　こう考えてくると、サークル内の人びとを攻撃、非難しないで、馬に関する議論をあれこれしたり、レースを予想したりするために、競馬ジャーナリストたちが、まことに熱心かつ見識広くできるのか、その理由を見つけるのはかえって困難です。とはいえ、そうした自己規制がへつらいやへりくだりに繋がっているようには見えません。むしろ、卑屈な態度を安易に取らないことで、より思慮深い、分析力のある姿勢へとジャーナリストたちを向かわせているのです。

　もちろん、正当な目標への攻撃もあって、これがメディア特有の攻撃欲求を満たしてもいます。その目標というのは、競馬場という社会から——文字通りないし文化的に——少しばかり距離のあるところにあります。そのなかには、街中および場内に店を張るブックメーカーやポートマン・スクェアにいる統轄者も含んでいます。周縁というか遠隔にいる存在を攻撃することで、競馬ジャーナリストたちは自分たちの仕事を支配するサークルの社交儀礼に背反しなくてすんでいるのです。ポートマン・スクェアの統轄者のことを、ジャーナリストたちは植民地にある行政庁のように見ているところがあります——つまり、現地住民に寄り添うべきと内心は思いながら、ことあるごとに疑念をもたれたり、問題視されざるをえない、あの政庁のような存在です。

　こうした見方を、マイク・カッターモール氏に「ぶつけてみました」。マイクは、調査の初期段階で、大変お世話になった、じつに見識あるジャーナリストです。すると、笑いながら答えてくれました。

「キミはずいぶん面白い見方をするねえ。でもねえ、植民地の行政庁の方がまだ上手く関係を築くと思うね。とはいえ、BHBは、キミがそういったからといって、感謝することは、まずないな」

マイクのいうのももっともで、さっそく、ポートマン・スクェアの知り合い何人かにこれについてどう思うか訊いてみました。いささか驚いたことに、かれらも優しく笑いながら応じてくれました。なかのひとりは、わたしの譬えに予想外の意見を加えて、「植民地の行政庁だって？　われわれが現場の人間を理解してないってこと、あるかね？　それなら、どうして人類学者なんて雇うかね？」と。この論理には反論しようがありませんでした。

競馬サークルについてあれこれ仮説を出すと、マイク・カッターモールは、とりわけ素晴らしい「相談役」になってくれました。わたしの考えにたいしてしかるべき配慮と、よく考えた反応をしてくれますし、それも、あまり深刻にならず受け止めてくれるのです。こちらの考えていることを冗談だろうと受けながらも、大いに助けになってくれました。あとで分かったことですが、競馬ジャーナリストのなかで、マイクが最初の知り合いになったのはとても幸運でした。当時は、手引きになってくれていたトートのピーター・ドウには迷惑のかけっぱなしでしたし、エプソム競馬場にいたトートの会計係に取材するなど、滅相もないことでした。トート・レディ（彼女らの通称）たちはみんなカッターモールの大ファン。ピーターがわたしに、報道席にいるカッターモールを訪ねていいよとドア越しに声をかけたときには、彼女らが一斉に飛び出してくるというありさまでした。取材そのものは上手くいったのですが、すぐにカッターモール自身の華麗なるゴシップ話になってしまいました。女性たちはマイクといつもお喋りをしているくせに、わたしが「ブラインド・デート（面識のない者同士のデート）」を許されるのは厚かましいと思ったわけです。「デート」などではなくて、調査、取材であると説明しましたが、わが抗議は一蹴されました。トート・レディたちによれば、カッターモールははるか以前から女性たち憧れの的で、わたしも「順番の列に並べ」と警告されたわけです。

けれど、じっさいには、それまでにマイク・カッターモールには会っていたのです。そのころは、心からイヤな男だと思いました。この横柄なプレイボーイの方でも、こちらを追っかけの一人に加えてやろうなどという気はさらさらなかったと。とにかく、トート・レディたちを取材しようとすると散々邪魔されて、この男に惹かれるなどまったく御免蒙りといったところだったのです。

ところが、このわたしも、まんまと魅了されてしまったのです。行列に進んで加わるほどじゃないにしても、取材が上手くいかなかったのをかれのせいにし、それを許してしまうくらいには（厳密にいうと、そもそもマイクのせいではなかったのですが）。この経験豊かな競馬ジャーナリストは、わたしなどよりはるかにサークルの習慣、常識を書くのにうってつけな人ですし、何も知らないまったくの部外者であるわたしに、割良い仕事を振られたのはなぜだろうかと思ってしまうほどでした。そんなわけで、自分はウットリなんてしていないという表情はさっさと止めて、カッターモールのあとを報道席へと付いて行ったのでした。

その後、コーヒーを飲みながら、勇を鼓していってみました。「あなたはわたしなんかより、競馬文化について書く資格、大ありですわ」

「いいや、オレは一介のジャーナリストだし、人類学者じゃないよ。何から話したらいいかも分からないしな」
「観察したことを素直に書く、少しばかり誇張を加えますけどね。それはジャーナリズムと違いませんよ。厳しい締め切りはありませんけどね」

◉報道集団

結局、その日の午後は報道席にいるマイクや他のジャーナリストたちを眺めたり、質問攻めで邪魔したりして、大半を過ごしました。その他の日も、調査のかたわら、あちこちの報道席を渡り歩いてみました。というのも、競馬ジャーナリストたちが、そのホームグラウンドで、見たこともないような共同行動するのに魅了されたからです。

報道席にわずか数分でもいれば、ふだん日刊紙で読むレース記事や評論が、ほとんど共同作業の産物だと自ずと分かってくるのです。

「二時四〇分のレース、着差はどれくらいだ?」と、夢中になって記事を打っている記者が大声を上げます。

「二馬身四分の一だ」と、別の記者が、受話器を手にしながら答えます。

「でも、写真判定を要求したぜ」と、また別の記者がお節介に口をはさみます。「はっきりしてんのに、理由がわかんねえ」

「サンクス!」

「アンバサダーはどこでダメになったんだ？　あがり二ハロンのとこか、三ハロン？」

「三ハロンだ」

「サンクス！」

「マインはまた故障発生なんだって？　それ、書いてもいいかな？」

「大丈夫だ」

「サンクス」

別のグループがビデオのところに集まって、終わったばかりのレースの詳しい分析をしている。

「〝あがり二ハロンのところでは全馬好調〟だってよ」

「えー？　〝全馬好調〟だって？　オレはそう思わねえぞ。あの馬、水濠のところでまごついちまって、カンペキやる気なくしてるぜ、見ろよ」

「えッ？　ちょっと戻してみて。いやいや、そんなに前じゃない。そう、そこ、おー、そうだな。〝四ハロンのとこで全馬好調〟だな」

「ウェー、こんどは〝三ハロンでつまづく〟だってよ」

「そう、それから〝立ち直れません〟てか」

こうしたチームワークのおかげで、ジャーナリストたちは記事を書くのに間違いを起こさない――おそらく、あの人たちは「ライバル同士」でありながら、頼りにし合いつつ、聞き洩らした情報を補ったり、間違いを訂正したりしているのでしょう。

そのチーム・スピリット、結束力は競馬ライターの驚くべき特徴なのでしょうが、わたしが出会った個々のジャーナリストは、それぞれ思いもよらない風変わりな様子を示してくれました。調査をはじめて間無しのころです。ピーター・ドウから、アスコット競馬場でトートが競馬担当記者を対象にした昼食会を開くからと、お呼びがかかったのです。その会場といったら、何とも異様な小部屋で、窓は一つもなく、床一面、花柄のジュータンが敷きつめられていて、まるで貴族婦人の寝室のようなところでした。

それはともかく、とある全国紙の競馬担当記者の隣を指定され座りました。その後の成り行きは、明らかに「オフ・レコ」に類することなので、どこの社かはいえません。競馬界で、初対面のセオリーに従って、まずは出走表を手に、第一レースの本命を訊いてみました。

「えーと……これかな」と、気のない雰囲気で、出走馬一覧をざっと眺めてからいったのです。「そう、これだな。ローズインザスノウ」

わたしも出走表を見ました。どう控えめに見ても、この生き物が勝てる見込みなどほとんどないことはわたしでも分かりました。「どうしてこの馬を?」と、興味をそそられたので、訊き返しました。「なにか、勝ちそうだっていう、特別な仕掛けかなにかおありなんですか?」つまり、レース結果が予想できる何かあるのか。魔術的な複雑な数式とか、出走表のデータとは異なる内部情報とかあるのじゃないかと、思ったわけです。

「あー、いやいや、いちばん素敵な名前を選んだだけです。ローズインザスノウ、すごくロマンティックな名前じゃないですか」

わたしは信じられないといった目で彼を見ました。「ご冗談をおっしゃってるんでしょう。そんなことでお選びになるはずが……競馬担当でいらっしゃって。データとかいろんなことを分析なさってるんですよね」

「おー、イエス。記事を書くときは、いろいろ材料をね、調べますよ。でも、自分で馬券を買うときは、いちばん素敵な名前にしてるんですよ」

それでもなお信じられませんでした。まあ、良くできた悪ふざけだろうと思っていたのですが、彼が立ち上がってトートの窓口に行き、馬券をヒラヒラさせながら帰ってきたときには、自分の判断が間違っていたことを知りました。ローズインザスノウに賭け金が投じられていたのです。これをもし冗談だとしたら、金のかかった冗談ということになりますね。

ローズインザスノウは、向こう正面でズルズルと後退。この記者は、一向に介することなく、つぎのレースの出走表をなぞり始めます。

「こんどはどの馬を?」と。つぎは馬鹿な冗談はやめて、真っ当な選択をするのだろうと思いつつ訊きました。

「うーん……こんどは難しい」と眉をひそめながら、出走表を眺めています。「ローズインザスノウほど素敵なのはいないな。おー、ちょっと待って。見て、ミッドナイトエスケープ! これは良い名前だ。これにしよう」

ミッドナイトエスケープはローズインザスノウよりはわずかに期待がもてそうでしたが、とりわけ良いというわけでもありません。とはいえ、ほかの馬よりは確かに魅力的ではありました。わが同胞は出走表を子細に検討もせず、また一〇ポンド無駄にしようと、ルンルン気分でトートの窓口に向かうのでした。

ミッドナイトエスケープは、あろうことか、このレースに勝ってしまった。いうまでもなく、この記者氏、払い戻しに駆けつけました。その成果はローズインザスノウのへこみを償って余りあるものでした。「どうです。良い方法でしょう」

この御仁、この日午後いっぱい、素敵な馬名に賭け続けました。もちろん、偶然に勝つこともありましたが、勝つ見込みなどまったくない馬にも賭けていたのです。かくして、最終レースが終わって、収支を計算してみると、少しばかり浮いていたのです。

「この方法を記事にしようと思って考え出したんですか?」と訊いてみました。

「いや、もちろん違いますよ」と、プロらしい硬い表情で返しました。「記事で勝ち馬を書くときは、ちゃんとした根拠を出さなきゃいけません」。そしてニヤッと笑って、「でも、この方が面白いでしょ?」

◉狂った報道

気骨の折れる午後になったかもしれない集まりでしたが、たまたま隣り合った人物、まあ、それもいい取材対象にはなりましたが、その人の奇妙、奇天烈な賭け方で、楽しいものに一変しました。ただし問題は、この昼食会がフットボールのユーロチャンピオンシップの最中に開かれたことです。競馬担当記者や著名な客（ＢＨＢの会長、トートの理事、ジョッキー・クラブの役員など）は、わたしの質問に答えるどころではなく、テレビのフットボール中継にクギづけに。いや、まったく、そこにいた全員がレースその他、いかなるものよりフットボールに関心を集中。午後中、何もない小さな部屋に閉じこもっていたのです。

しばらくして、こうした光景に辟易したわたしは、ピーター・ドウにここを出て、スタンドで取材したいんだけどとお伺いを立てました。ピーターに反対する理由もなく、お歴々をフットボールに任せて群衆の中にさまよい出ました。そして、取材相手になってくれそうな競馬ファンを探したのです。

いつも通り、これはたやすい作業でした。人の良さそうなカップルが、第三レースに馬が出場してきたのを眺めながら、話し相手になってくれました。「一人で来たの？」と、男の方がありきたりの挨拶に訊いてきます。

「いいえ、一緒にいた人たち、みんなテレビのフットボールに夢中なの」

「おや、まあ。ヤボな連中と来たんですね」と、笑いながら合わせます。

一瞬、フットボールに夢中になっている連中がお偉いさんやお歴々だと言い出しそうになり、止めました。「えー、そうなの。ヤボな連中よ」

こうした窮状に同情してくれた二人は、わたしの連れが女性の扱い方を知らないとばかりに、親切にもパドックの方に誘ってくれ、飲み物などもおごってくれる始末。ですが丁寧に礼をいって、早々に報道席の方に戻ることにしました。

だがしかし、お偉いさんたちは、わたしが戻っても一瞥もくれず、テレビに映った拙いプレーに大声をあげて罵ってばかり。くだらない連中が多いものだと思ったしだい。

後日、ピーター・ドウとリー・リチャードソンに、一般ファンが「ヤボな連中」といっていたと話したら、二人とも面白がってはくれました。ただし、その話はジャーナリストを敵に回すことになるから、報告には書かないほうがいいと、慎重派のリーが忠告してくれました。それも何度も、ようするに、ジャーナリストたちが競馬場に来て、日がな一日、フットボール観戦に興じていたと書けば、好意的な評を貰えないだろうと忠告してくれたわけです。

リーはポートマン・スクエアにいる植民地の行政庁の一員ですし、ジャーナリストについては事あるごとに慎重な態度をとっていましたから、それだけに、わたしの失敬な姿勢はつねに心配のタネだったはずです。報道関係者がフットボール観戦していたことを報告書には書かないと約束したときのリーの反応は、まことに預言者的でした。「ねえ、いつか洗いざらい本に書いて、好きな話を面白おかしく物語ったらいいんじゃない?」

そのときは、面白いとは一体どういうことかと考えました。調査報告書とか「専門書」でお約束の、無害な、当たり障りのない形ではなく、一度くらいなら調査の実話を書くことが面白いことになるのだろうか。もちろん、わたしのなかにある、内部の関係者と内部の観察者のあいだには、内輪の話を本書に盛り込むかどうか、よく議論がありました。内部の関係者の方は、つねづねサークルの名誉ある一員として話をしますし、自分をジャーナリストになぞらえることもあって、裏話に関わることは仲間にたいする要らぬ批判という、ジャーナリストに固有のタブーを侵すことになると反対をしました。ただ、そういう議論は調査にたいする客観的な評価に委ねるべきだと考え、また、ある人がそれを嫌がるというだけで生きた情報を放っておくことはできないと考えました。自分としては、どうするか決めるころには、ジャーナリストなら目くじらを立てるより一笑に付すだろうと確信するに至ったのです。

第5章　長老、族長

ポートマン・スクェアにいる競馬統轄者は、気まぐれで権威的な「植民地政庁」だと現場の人びとから見られがちなのですが、競馬の生活や文化に直接かかわる各種委員（裁定や発走、開催進行など）は、かなり丁重に扱われています。

競馬場にいる職員たちは、部族社会でいえば「長老」に似ています。その地位は長時間の職務や熟練、賢明かつ公平な判断により得られたものです。ポートマン・スクェアにいるジョッキー・クラブやBHBの上級役員たちは、さしずめ「族長」と見てよいでしょう。つまり、その権力は特筆に値する才能や技能によるものというよりは、財力や血縁、政治力に基づいているものです。

競馬場でさまざまな規則を執行するスティワードは、この二者のあいだの、いささかあいまいな位置にあります。出自はポートマン・スクェアの族長とおなじ社会階層で、管理する規則はジョッキー・クラブ由来ですが、競馬場の日常生活や文化においては重責を担い、権力の行使に当たっては長老的な公平、清廉、誠実を示さなければならないのです。スティワードによる日々の判断や裁定は、ときに問題とされることもありますが、判断を下す権利そのものを疑問視されることは滅多にありません。ふつう、命令にはだれもが従うことになっています。たとえば、騎手が義務違反で騎乗停止処分を受けたことに不服を申し立てることがありますが、議論されるのは、ポートマン・スクェアの植民地政庁の策定した規則そのものの方で、競馬場にいて規則の執行に従事するスティワードではありません。判断を下す資格が問題になる（たとえば、「あいつらは人生でレースに騎乗したことがあるのか。何が分かってるっていうんだ?」と）ことがあっても、スティワード自身の個人的な誠実さとか尊厳を穢すことはまったくありません。

◉真の儀礼的な敬意

騎手が形式的ではなく、心からの敬意を払う数少ない人たちのなかに競馬場の長老がいます。こうした経緯は、騎手の立場からすると、レースの核心部分に直接かかわる、たとえば、発走や検量といった人たちに向けられています。職務そのものが、あるていど「当然の」敬意を集めるものではありますが、職員個々人も公平かつ一貫した判定と決済により騎手から評価を得なくてはならないと考えているのです。

騎手たちは検量委員にたいして、いつも「サー」と呼んでいますが、ほかの遣り取りでも、サー付けが示す以上の親しみある関係であると分かります。ニューベリーの検量室でのこと、泥だらけになった騎手がほうほうの体で戻ってきて、ドサッと検量台に乗って、検量委員に悲しげに打ち明けていました。「八番です、サー。まったくひどいレースでした、サー。工事中のM25*みてえなノロノロで、サー」。わたしが耳にした騎手と現場職員との会話では、「サー」という言葉もほかの尊敬語などと違って、話の切れ目に入る、ある種のコンマ、読点のようなものに聞こえました。けれど、同朋の仲間などといったものではなく、ちゃんとした礼儀でもって呼びかけられているのがスティワードなのです。

スティワードがボランティア、つまり無報酬なのは有名です。そのため、「気楽」で気取っていないなどと思われがちなのですが、そんなことはありません。数日、スティワードに付いて歩きましたが、驚くほど粗末な昼食を摂ったあと、午後いっぱい、忙しく動き回り、気を抜く間などないことが確認できました。ひとレース毎に四ヵ所のサイドから双眼鏡で監視し、さらには映像を使って判断。つぎのレースがスタートするまでコーヒーのお代わりをする余裕などありません。スティワードの面々はツィード・ジャケットにソフト帽を被り、あちこち大股で闊歩する。一見、重々しい風情を漂わせており、一般のファンとはまったく別、競馬を楽しんでいるようには見えません。

こうしたことは、裁定や検量、発走、事務、役職に携わるほかの職員にも当てはまります。これらの人びとは高い地位にあるものの、だからといってその職務が特権的な立場につながることにはなりません。それだけでなく、小さな組織のお偉方なら当然ありがちな、偉ぶった態度になることがない

*M25＝ロンドンを取り巻く高速道路環状線。全国有数の渋滞路。イギリスでは高速道路をMotor Wayと呼び、Mに番号を付ける。

のです。競馬サークルでは、地位が上がれば上がるほど、控えめで、節度があり礼儀正しくなってゆくというのが暗黙の了解になっているようです。

◉礼儀正しさの効果

この種の人びとと接するようになり、サークルの過剰ともいえる折り目正しさに慣れてきても、役職員のあり余る品性や謙遜に心打たれることがまだあったのです。

たとえば、あるとき、馬主、調教師、騎手の人たちが集まると、どういう行動をとるのか、間近に観察できる機会があるというので、スティワードにパドックへ案内してもらったことがありました。指定された通りに検量室に着いたのですが、スティワードの方は終わったばかりのレースで違反行為があったと審議をしていました。

わたしの方は、検量担当に競馬生活の細々したことを質問攻めにしながら、楽しく待っていたわけです。スティワードの審議が続いていたので、パドックの出来事を観察し逃しましたが、そういうことは他にもありましたから、さして気にはなりませんでした。

ところが、案内を申し出てくれたスティワードは審議室から飛び出てきて、「おー、ケイト、お待たせしてすみません。ご無礼をいたしました。ガッカリなさらなければ、宜しいのですが。早速パドックの方へまいりましょう。お許しくださいね。次から次へと協議することが出てきまして。こんなところでお待たせしてしまって……」

そこでようやく言葉を遮り、審議は大事な職務ですし、行きがかりの人類学者につき合うよりはるかに重要ですといったのです。これまでも、騎乗しなきゃならないからと謝る騎手や、馬主の接待や装鞍の仕事があるからと謝る調教師には慣れっこになっていましたが、審議をしていたからと過剰に謝罪するスティワードには吃驚《びっくり》でした。

はじめ思ったのは、スティワードの度はずれた礼儀というのは、この世界独特のものだろうし、「外来者」のわたしを慮《おもんぱか》ってのことだろう——おそらく、この世界に固有なおもてなしの心から発するものだろうということでした。たしかに、それもあるでしょうが、高位にある人たちがサークルのメンバーにたいしては、いずれも礼儀正しく振舞うことがすぐに分かりました。その日の午後、スティワードたちが審議しているときのこと、お茶とサンドウィッチを持って待っていたレストランのウエイトレスに、じつに丁寧な調子で謝っているのを耳にしました。その後も開催のたびに、職務であちこち飛び回る役員に付いて歩き、また検量室などで関係者と遣り取りしているところを聞いたりしているうち、どの役員もひじょうに控えめで上品、腰低く振舞うところをいくつも目撃しました。傲慢、横柄な言葉を発するところなど、一度たりとも聞くことはありませんでした。

ちょうどそのころ、テレビのドキュメンタリー番組を観たのです。そこでは、競馬場の各種委員やスティワードたちが互いに挨拶するさい、帽子に手をやったり、取ったりしている光景を揶揄する調子で取り上げていたのです。当然のことながら、古めかしい上流階級のエリートをあからさまにイメージさせる作りになっていました。レポーターが冷やかしてコメントしていました。ですが、それら役職員たちがガードマンや駐車場の誘導員、門衛にたいしてもまったくおなじ仕草で挨拶しているのを見落としているのです。いまさら、競馬は「階級なき社会」であるなどというほど無邪気ではありませんが、こういうステレオタイプな、取ってつけたようなメディアの扱い方には心底ウンザリです。わたしがこれまで研究してきたあらゆる社会、部族であろうが民族であろうが、サブカルチャー等々、あらゆる共同体では、富がかなり公平に分配されているところでも、他より抜きんでて権力をもったり、高い地位についたり、特権をもったりする人びとがいるものです。素晴らしい文化（相対主義者は反対するかもしれませんが、ほかに比べて素晴らしい文化は存在します）では、高い地位というものが不快で不合理、理不尽なイメージを与えるものではありません。とりわけ、競馬社会のような快い文化においては、高い地位が温和で思慮深い、そして礼儀あふれた責務を伴っているのです。

だからといって、イギリスの階級制度（他の社会でも見られるもの）を擁護するつもりもありません。スティワードの人びとに上流階級出身が多いという事実を許容するつもりもありません。ここで指摘しているのは、どの社会集団にも序列というものはあって、競馬サークルのそれは、一般の人びとが想像する以上に複雑だし、だからといって不快で妬ましいものでもないということです。競馬の世界をよく見れば分かるように、この文化における社会的な地位というのは、階級や富に基づくものではないのが実態なのです。調教師は、広範な社会経済的な出自を背景としており、地位も高く大きな尊敬を集めています。その信頼は魔術的な力によるもので、それを批判したり、尊敬を欠いた言辞はほとんどタブーです。スティワードは出身階級も高く、調教師にたいして力をふるう立場にありますが、にもかかわらず、仰ぎ見られることはありません。失策があれば、批判も非難もされます。

調教師といえば、その地位が称賛の的であっても、馬主の気まぐれには従わなくてはなりません。そして、馬主の方は、その多くはいまや社会階層のずっと下の方の出身なのです。もちろん、トップランクの階層にいる馬主は、調教師や騎手にとって畏怖の対象です。こうした具体例あるいは反証例はいくらでも挙げられます。ですが基本的には、競馬の世界というのは、一般に思われている「イギリス階級制の最後の砦」などではなく、ひじょうに特異、複雑な独特の階級制があり、これは、どの点からしても、以前からあるイギリス社会の階級序列とはまったく無縁な代物なのです。

第6章　罪食い人《シン・イーター》*

ブックメーカーは競馬界ではいちばんの金持ちでしょう。ですが、サークルの序列では底辺に位置します。全国展開するような大型ブックメーカーはメディアの格好の餌食ですし、サークル内のだれからも好感をもって受け入れられていないことは既にお話ししました。場内にいる弱小のブックメーカーはあまり景気が良いとはいえません。たしかに場内風景の添景としては存在しますが、競馬サークルの正会員とは認められていません。

多くの部族社会、共同体には下位集団、つまり周縁に位置するカーストがあります。たとえば、北カメルーンのドワイヨ族で鍛冶屋は不可触賤民ですが、競馬サークルのブックメーカーのようにまことに裕福です。こうした集団は許容の対象、つまり必要な機能を果たしていることが多いのです

＊罪食い人＝sin-eater、中世のころのイギリスで、死者への供物を食べることによって、死者の罪を引き受けてもらうため雇われた人。

（取材すると、競馬人はそろって、ブックメーカーを「必要悪」だと表現しました）。そういうわけで、この社会のなかを遊弋《ゆうよく》する存在になっているのです。

ただ、ブックメーカーは、都合のいい犠牲という周縁カースト以上と見ることもできます。賭事は競馬文化の本質的な要素ではありますが、真面目志向のイギリス大衆には、道徳的にあいまい、はっきり判断がつきにくい存在であることもサークルはよく知っています。この意味で、中世の「罪食い人（シン・イーター）」に似た精神的役割を、ブックメーカーが果たしているともいえます。罪食い人とは、死者の罪一等を身に引き受けるべく葬儀に雇われる人のことです。葬礼のなかで、パンとエールを食し、これにより死者の魂が煉獄の苦しみから解放されるというわけです。正規の競馬関係者としては、ブックメーカーを蔑み、嘲り、非難することで自らを浄化、免罪しようとするのです。ブックメーカーも賭け客とともにおなじ事業――つまり、レース結果を予想することで利益を得ようとする――に関わっているのですが、ブックメーカーの方はもっと貪欲で、薄気味悪く、罪深いと風刺されるのにたいして、「無辜な」賭け客は、迷える子羊のように、「騙されて毛をむしり取られている」というわけです。

したがって、ブックメーカーという下位集団の機能は、サークル一族の罪一切を象徴的に吸収するところにあります。賭ける人たちは、この周縁集団に罪業の転嫁が成功する、つまり賭けに勝つと「ブッキー（ブックメーカーの略称）を負かしたぜ」とか「ブッキーにひと泡吹かせてやった」などと誇らしげにいうのです。それは、あたかも闇の軍団に向かって輝く鎧に身を包んで戦った勇者のようです。

◉オバちゃんたち

競馬場で馬券を売る側は罪業を引き受け、買う側は免罪されるという暗黙の約束がありますが、ひとつ例外があります。つまり赤い制服を着たトート・レディたちにはそれが当てはまらないということ。彼女たちは「ブッキー」のジャンルには入らないし、そう呼ばれもしません。ですが、周縁に追いやられることも、非難の対象になることもありません。むしろ、愛され、尊敬されてもいます。社交目的の来場者や初心者が、場内にいるブックメーカーに比べ、このオバちゃんたちのことをはるかに近づきやすく、親しみある存在と感じているのも当然でしょう。

トート・レディたちのことを「ナニー（オバちゃん）」というのですが、もとは「ナニー・ゴート（雌ヤギ）」から来ています。さらに、遡ると「トート」と「ゴート」の音韻を踏んでいるところから来ています。「つぎのレースはオバちゃん（ナニー）のところで馬券を買うわ」といったりします。競馬ファンはトートの倍率（オッズ）に文句をいったり、ジャーナリストもトート役員の発言について重箱の隅をつついたりしますが、いずれもそのトーンは荒々しいものではなく、穏当な調子です。こうしたことはもっぱらトート・レディたちのおかげといえます。

わたしが赤い制服の女性と呼ぶ彼女たちは、この世界に母親のような親しみある顔を振りまいていますが、トートのおもな利益が「競馬にある」という事実こそが重要なのです。ブックメーカー（規模の大小を問わず）で馬券を買えば、その収益はブックメーカーの懐に入ります。トートで馬券を買っても負けても、その金が競馬サークルの財源になり、新たな開催に繋がるのです。多くのファンがラドブロークスとかウィリアムヒルのような大手ブックメーカーよりトートのほうが好きだといっていました。その理由は「競馬界に貢献するから」だというわけです。

ラドブロークス、ウィリアムヒル、コーラルといった大通りに店を構える大手ブックメーカーは、少なくともレースのスポンサーにはなりますし、そういうときには皆からも歓迎され、開催の名誉にもなります。ですが、「オバちゃん」たちとおなじようには見なされません。なにしろ、彼女たちはどの開催でも、いずれの競馬場でもつねに歓迎されているからです。

こうした一般に広く知られている状況は、わたしがどこでも通行可能なトートの公式通行証を携えて始めた調査の初期から、確かめられていました。トートの通行証を持っていると、ロイヤル・アスコットのときに王室の区画にも入れたのです。通行可能なバッジやパスの公式リストに載っていなくても、「リストにありませんねえ」とガードマンがほかの人にいっている脇を「ああ、トートの方ですか、それならどうぞ」と通れたしだい。

◉混沌のなかの秩序

一般席に店を張る零細なブックメーカー、ブッキーは、指定された場所から出ることはありません。サークルの人たちと混じったり、交流することもめったにありません。競馬界のなかでは独自の社会構造、仕来り、行動様式をもつ、いわば独特な下位文化を形成しているのが、この罪食い人たちなのです。この罪食い人は、一見すると喧《やかま》しく、混沌に満ちているように見えますが、その実、ひじょうに組織立っており、序列も厳格です。たとえば、もっとも格の高いブッキーが前列の、スタンドにいちばん近いところに場所を占め、そのつぎに、格の高低に従ってスタンドから遠くへと並んでいます。前列をめぐる戦いは熾烈ですが、経験の長い長老格のブッキーの領分はしっかり守られていて、多くは父から子へと継承されています。そのため、序列の階段を上がるのは、ひじょうに時間がかかります。

取材したブッキーたちは、自分たちが競馬サークルで異端だとよく分かっています。何人かは、サークルの人間から蔑むようにいわれる言葉、「必要悪」という表現を使っていました——ただし、「悪」というところではなく「必要」を強調していましたが。けれど、大半のブッキーたちは、サークルのなかの自分たちの立ち位置には関心がなく、むしろブックメーカー文化のなかの自分自身に意識が向いていていました。

ブックメーカーの文化にはとても興味があり、本が一冊書けるくらいです。誰かその気があったら、書いてほしい。たとえば、どうやってオッズを考え出すのかはかならず触れることになるでしょうが、数学がからっきしのわたしにはとても無理です。場内のブッキーは各所に出店しています。店の仲間同士でオッズを伝達し合う役目にティック・タク・マンという人がいます（腕を時計の針のように振り回すことから、この名があります）。わたしはこの姿を眺めるのが好きですし、どういう暗号なのか解読してみようとしました（オッズのサインは基本的なものなのでしょうが、どの馬にどれくらいのオッズをつけるかのサインは、店ごとにまったく違うのです）。そもそも、七―二が三―一より良いのか悪いのか理解するのにかなりかかりました。しかも、オッズはしょっちゅう変わりますし、そのたびに初めからやり直す始末です。

ブッキーの仕事について基本になることだけでも理解しようというのは無茶なことだったかもしれません。でも、うるさい質問攻めにするのを止めるつもりはありませんでした。ただ、驚いたのは客ともめたり、喧嘩沙汰になることがほとんどないということです。じつは競馬サークルの調査を始める数年前、街頭にある大手のブックメーカーで起こる暴力事件やトラブルを調べたことがあったのです。それによると、ブックメーカー店の従業員は、ほかの娯楽産業に比べて暴力の危険はありませんが、賭事をめぐる諍《いさか》いの可能性は無数にあると思われます。ただし、思い出されるのは、店内で起こる問題の多くは、投票するさいの複雑なプロセスや記入シートに関わることでした。客が投票シートに間違って記入したり、受け付けた店員が馬名や番号を誤って読み取ったと抗議することからトラブルの発生する場合が多いのです。ときには（そう多くはありませんが）、客が本当に間違っていたり、またときには（いっそう珍しい）店員のほうが誤っていたりします。まあ、たいていは、客が店員を「騙そう」として、自分がいい加減に書いた馬名や番号を誤って読み取っていると店員に食い下がるのです。そして、その馬名やグレイハウンド（ドッグレースの犬種）の犬番が勝ちだったりするわけです。店員はよく分かるように首をひねったり、疑いの仕草をするのですが、そうなると激高した遣り取りが発生するしだい。

ブックメーカーの店内（ベッティング・ショップ）で起こるトラブルの原因は、他にも賭け対象をめぐる複雑なルールとか、長い行列、遅延のために客がなかなか窓口に近づけないとか、また、投票用紙や筆記具、備品などが足らなくて客がイラついたりとか、いろいろです。かくして分かったのは、場内のブッキーで馬券を買うのはじつに単純だと、口頭で馬名と金額をいえば良いだけだし、賭け方も「単勝」と「複勝」しかないのですから、混乱やトラブルの起こる余地はほとんどないのです。

場内のブッキーでは、書き込まなくてはならない複雑なシートもないし、膨大な注意事項などもありません。列が長くて遅々として進まず、チャンスを逃しそうだと思ったら、すぐに他の出店に移ればいいわけで、いずれにしろ馬券を買う、賭けをするのは自分の責任、ブッキーを責めることはできません。とにかく、客が指定した通りの馬券を発券したのか信用するしかないわけで、こういう風に何世紀もやってきたのですし、客もそうしてきたのです。

じっさい、客はすべてのブッキーを強欲でアコギだと罵りたくなりながらも、自分のおぼつかない記憶よりブッキーの親父を信用することが多いのです。かつては、馬名を口頭ないし指で示し、金を払った証しに番号だけを記した紙片だけが渡されました。ブッキーの方は、そのときの馬番と掛け金とオッズをノートに書き留め（ブックし）ていたのですが、そのため客は自分の賭けた馬名を忘れることもありました。

こうしたやり方は、まことに単純、雑駁で混然としていますが、他の娯楽施設、商売などで見られるものより諍いや不快感はほとんどありませんし、暴力沙汰になることもありません。

◉プラスティックの苦難を回避する

わたしが取材したブッキーたちの共通関心事、こころのなかでは互いに対抗心をもちつつも結束しているポイントは、ポートマン・スクェアにいる当局にたいし自分たちの利益、文化を守ろうとする、果てしない闘争にあります。お金をめぐるブックメーカー業界と統括団体との論争に理解を示すつもりはありませんが、統轄組織からの「近代化要請」をめぐるブックメーカーの反発には、同意を禁じえません。ブッキーは、昔から、がま口のお化けのような大きいバッグに売り金を投げ入れていたのですが、それを止めろとか、コンピュータを使えとか、みすぼらしい掲示板や傘など捨てて、味も素っ気も、風情もないプラスティックの店構えにしろというわけです。こうした要請が、伝統的な満艦飾の設えを破壊すること間違いなし（近代化がうまく機能して争いを少なくするという実用的な思惑だけでもなさそうです）。それを懐かしむノスタルジーだけではありません、ブッキーが「浄化」しすぎたら、罪を被ってくれる人という社会的な役割も妨げるのではないかと危惧するのです。

ネクタイ、スーツに身を包み、シュッとしたブッキーが小ぎれいな出店にちんまりと座っていたら、持ち前のいかがわしいオーラを失ってしまうでしょう。競馬界が暗黒勢力と戦うとして、当たり障りのない会計係になって賭事をおこなうのは難しいでしょう。ブッキーがその胡散臭いイメージを一掃し、トートと見分けがつかなくなったら、いったいだれが罪食いの身代わりになるのでしょうか。賭け客には無辜の子羊と思わせつつ、自らは罪一等を引き受けるなどという殊勝な人間が、他にいるでしょうか。禁断の果実がほかにも考えられます。うらぶれたパラソルや喧騒がなくなったら、ブッキーたちが店を張る一帯はいかがわしくも、ワクワクする場でもなくなるでしょう。プラスティック板に囲まれたブースにいる、無味乾燥、人畜無害な出納係の男たち、コンピュータ化した危機から吐き出される馬券ならぬ領収証、それらに比べたら、五ポンド札をおずおずと差し出し、粗末な紙っぺらを受け取ったときの、あの後ろめたい興奮はもうありません。近代化とやらの、その光景は面白くもなんともない、スーパーのレジそのものです。

近代化を推進する人たちが分かっていないのは、ブックメーカーが「必要悪」だという意味の多様性なのです。かれらの悪は必要なのです。その怪しげなイメージは本質的なものです。周縁にあって、道徳的に腐臭ただよう、罪負い人というその役割こそが競馬文化を活性化させる源泉なのです。罪負い人の浄化は、博徒たちの魂をプラスティックの煉獄に未来永劫、追いやることになるでしょう。

第7章　馬主

この章は「関係者（コネクション）」と言い換えてもよいかと思いました。というのも、競馬サークルではそう呼んでいるからです。この言葉は古風なジェイン・オースティン[*]的な響きのある言い方で、馬主と所有馬との親類縁者のような関係を示しているところがあります（「コネクション」はジェイン・オースティンの時代には「親類」を意味していました。もちろん、その後、内容は大きく変わっています）。

とはいえ、サークルでこの言葉を文字どおりに使うことはありません。馬主だけでなく所有馬の厩務員、調教師、調教師の配偶者、担当の騎手、馬主の一族郎党、友人、顧問、とにかく関係する諸々、その馬をめぐる人びとを含んでいます。「いまの走りは、コネクション一同喜んでいるでしょう」と

＊ジェイン・オースティン＝Jane Austen（一七七五―一八一七）、イギリス地方社会の日常を皮肉と哀感を込めて描いた女流作家。『高慢と偏見』、『エマ』など。

解説者がいえば、ほぼ誰を指しているかは分かります。また、こう話されているのを聞いたことがあります。「コネクションには自信があったけど、調教師は距離に不安があった」。その場合には、馬主を指していることは明白。「コネクションの連中は勝利を祝って夜まで騒いだでしょう。とくに去年、怪我をして面倒見た調教師の奥方や担当の厩務員はねえ」というのも耳にしました。これは、その馬に直接かかわった人間すべてがコネクションということになります。

とはいうものの、この語が指すのは、もっぱら馬主のことで、サークルのなかで馬主がどういう位置づけなのかよく分かります。こんにち、馬主の出自はあらゆる階級、経済的背景にわたっています――それと、「組合やクラブ」馬主の導入によって、所得はより多様になりました。最新の統計によると、競走馬の馬主、その三分の一はごくふつうのワーキング・クラスの人たちです。競馬界における馬主の立場というのは、サークル外の社会的出自で決まるのではなく、やはり何といっても、馬との関係、まさに競馬文化を象徴する生き物との「コネクション（関係）」によって決まるのです。

◉あいまいな立場

サークル内での馬主の立ち位置は、他と比べるとひじょうに高い位置にはありますが、現状は特別扱い、敬意を払われたものとはいえません。たとえば、競馬場内で特別席のようなところもなく、たいがいは調教師と同席の扱いになっています。厳密にいえば、調教師は馬主の使用人です。けれど、競馬場では、この両者はひとまとめにされているわけです。「馬主・調教師席」「馬主・調教師専用バー」

等々、その所有馬が勝ったりすると、競馬場管理者やスポンサーから祝杯に、両者ともども招かれるのです。

ときに区別されることがあっても、調教師の方が高いように思われがちです。解説者やジャーナリスト、熱心なファン等が「ヴェネティア・ウィリアムズ師、至宝の若き障害馬」とか「ルカ・クマニ管理のクラシック出場馬」などと異口同音にいったりすると、馬主は、本当にその馬が自分の馬なのかと訝しく思うこともあります。馬主が競馬人でよく知られていたり、社会的有名人でもないかぎり、話に出て来ることはめったにないのです。こうした例は、馬主が重要でないといっているわけではなく、調教師は、なにしろ呪術師ですから、サークルという社会組織のなかで、とりわけ称賛されるべき立場にいることを指しているのです。つまり、お金の面では、馬主に頼っている経済的実態をも凌駕するオーラを、調教師がもっているということなのです。

エプソムのダービー・デイで目撃した驚くべき光景ほど、それを如実に物語るものはないでしょう。友人のピーター・マーシュとクィーンズ・スタンド前の芝地で、群衆を眺めたり、日光を楽しんだりしていました。ピーターは貴賓席にあるバルコニーを双眼鏡で何気なく眺めていましたが、突然、手を止めていったのです。「ありゃ、ヘンだぞ！」

「なにが?」とわたし。

「なんで女王は隣にいる男に気を遣ってんだ？　見てみろよ、あの仕草。へりくだっちゃったような、男を見上げてさ。尊敬してるような態度。どこもかしこもさ。女王のあんな様子、見たことないぜ。ヘンだよ、おかしいぞ。つまりさ、女王より偉いヤツって、あれ、いったい誰だ?」

「ああ、それ、女王の調教師」と速攻で答えました。

「どうして分かる? ここからじゃ双眼鏡でないと見えないだろ?」

「よかったら、見てみるわ」と、双眼鏡を取りながら、「でも、調教師にちがいないわ」

双眼鏡で見ると、やはり思った通り、女王がすぐ左側にいる堂々とした体躯の男性に、敬うような仕草で話しかけ、頷き、笑っている。もちろん、それは女王の調教師に他なりませんでした。ピーターがそれほど驚かなかったら、女王のへり下ったような仕草を異様とは思わなかったでしょう。つまり、それくらいわたしがその世界に「すっかり入りこんで」しまっていたわけです。競馬サークルの文化にしっかり浸っていたので、呪術師の圧倒的な立場をなんの疑いもなく認めていましたし、ふつうなら驚くような光景にも気がつかなかったということです。

このちょっとした一件があって、ひょっとすると他にもなにか見逃していることがありはしないかと、心配になってきました。つまり「フィールドワークの見落とし」が、学問的客観性や観察力に影響を与えかねないということです。女王が似つかわしくない行動をしていると見抜けない、その理由が、競馬の世界の目、そして自分の目からは、そのへり下りもごく当たり前だとしたら、ほかの異常行動だとか、異様な現象にたいしても無感覚になっているかもしれない。その世界にいる人間がごく当然と扱っているからという理由で、わたしも驚くべき、異風な事柄すべてを一顧だにせず受け入れていることにならないか。

これについてはしばしば悩みましたが、わが内部観察者は強い心の持ち主だし、内部参与者にあまり幅を利かせないようにしようと決めました。結局は、客観的な公平無私の姿勢を貫いているあいだは、異文化のなかでも、ドップリと関わる参与者としてやり通すことができました。じつは、こういうことには子どものころから慣れていたのです。五、六歳のころ、アメリカに引っ越して、六年間暮らしたことがありました。そして、生活するあいだ一貫してアメリカ風のアクセントを受け入れようとしなかったのです。どうにも奇麗じゃなかった（そのころは「耳ざわりがヘン」といってました）からです。七歳になって、両親の友人からアメリカの印象を訊かれ、答えるまで、それこそ真剣に考え、「えーとね、ここで暮らすのが終わったら、たぶん、素敵だったって感じると思う」と答えたのを憶えています。考えてみると、これまでの人生で、内部観察者になるというのが長いあいだひじょうに強かった。それはいまでも単なる内部参与者を完璧に凌駕できるはずと考え、そうすれば、「そのなかの人間になる」ことがどういうことか多くの証拠を示せると思ってきたのです。

パドックや食堂などで馬主と調教師の仕草を観察するのは、素晴らしい経験でした。とくに調査の初期段階、見ただけで調教師の名前が分かるようになるまでは、人の違いを見分ける唯一の手段でした。

着ている服だけで馬主と調教師を見分けられないというのが問題でした。調教師は競馬場にいるときは「勤務中」であることはいうまでもありません。地味なビジネス・スーツに、最新の携帯電話をもって、ことさらそれを強調しようとする人もいます――まるで自分たちは、周りにいる遊びできた群衆とは違うプロなのだと、あえて気づかせようとしているようです。馬主もまったく同様のいで立ちをしていることが多い。ですから、パドックで調教師が馬衣などを手に現れたりしないかぎり、両者を見分けるのは難しい。ところが、馬主のなかには、スーツを意識的に避けて、自分は馬主として来ているのではないと強調する人もいます。であれば、わたしの仕事もやりやすくなるはずでしたが、こういう馬主は、ひじょうに格の高い、それだけに身なりもちゃんとした調教師を雇っていることが多いという事実もあるのです。意欲的で有望な調教師というのは、いかにもプロ然としていて、あたかも会議に出るような、きびきびした風情を漂わせていますが、一方、トップクラスの調教師も高価なカジュアル・ルックの服（富裕な馬主とおなじ）で、自分はすでにだれからも認められており、自己主張などする必要はないといっているように見えます。

　つまるところ、パドックの中央で、馬主や調教師たちがごちゃごちゃ集まっているところを観察すると、その仕草、ボディ・ランゲージだけがそれぞれを見分ける唯一の方法ということになるのです。そちこちに集まっている人たちをざっと見渡して、そのなかでどの人に周りがへりくだった態度を取っているか見分けるのが、ほどなくして習慣になりました。すぐ分かるのは、当然のことに、調教師なのです。この確信を深めるのは、たとえば騎手が現われて、騎乗を助けてやったり、最終的な馬具の調整をしたり、ときにはパドックから馬が出て行ったあと、馬衣など始末したりする光景を見るときです。それは調教師しかいませんから。

　ほかにも、たいていの馬主が心底から陽気に振舞うのにたいして、調教師の方はプロらしい真面目な表情や仕草をするといった指標もあります。もちろん、例外もありますが、パドックで笑い声を上げたり、明るく振舞っているのは馬主の方で、調教師は堂々として、いつも威厳をもっている。それがわが鑑識眼です。

厩務員が担当馬をコースに引いていったり、調教助手などが動き回っていたりするところを見ると、その多くが「ボス」の様子をまねているのが分かるでしょう。有力馬と密接な関係であることに喜びを感じていても、それを表に出さず、調教師とおなじ堅い、威厳のある表情をしています。自信家の厩務員のなかにはプロらしく明るさを出さないようにして、誇りや陽気さをしかめっ面の下に隠しているのです——ただし、ウィナーズ・サークルに引いてくるときは笑顔になりますが。

馬主になりたての人だと、一張羅のスーツを着て、レース前にはそわそわした表情を見せるので、調教助手などと間違えてしまいます。でも、あるところでは、仕草で見分けることは可能です。たとえば、馬が勝ったりすると、そわそわ心配げにしていた馬主が開けっぴろげに喜びを表し、はしゃぎまくるので、調教助手などとはすぐに見分けがつきます。

ここで、馬主のボディ・ランゲージの話を続けているのは、サークルの行動様式に拘っているからではなく、馬主に共通する数少ない特徴がそこに出ているからです。調査の過程で、何人もの馬主に聞き取りしました。社会的な出自、教育、関心、職業、その他、諸々の点を訊きました。こういう調査でもしなければ、こんな特異な人びとに出会うことはできなかったでしょう。皆さん、気品、礼儀、親しみがありました。ですが、それはサークル一般の、だれにもある傾向で、馬主にだけ当てはまるものではありません。

他のほとんどすべてで、馬主に共通するところはありません。馬との「コネクション」でも、さまざまな関わり方があります――そばに調教師がいないとどれが自分の所有馬かおぼつかない馬主もいれば、夜明け前に起き抜けで来て、自ら跨って乗り出し、毛並みを磨くだけでなく飼葉の世話や水の取り換えまで進んでやる馬主もいます。わたしが会った馬主は愛馬のためにフォートナム・アンド・メイスン*から菓子盛りを持って訪ねて来ましたし、愛馬を所有する喜びと誇りを語る目はウルウルしていました。ですが、夏の放牧に出したときの管理人がそっと打ち明けてくれたのですが、馬主が訪ねてくる日に持ち馬が咳を発症したため、同色の別の馬と取り換えた（もちろん、傷つきやすい馬主を混乱させないため）ところ、馬主はその違いに気がつかなかったというわけです。

あるいはまた、馬にさほどの思い入れはないのに、馬についての知識はやたらあって、所有馬の状態や成長ぶりをめぐって、調教師に長時間かつ頻繁に事細かな議論を吹っ掛ける馬主もいます。それとは真逆に、馬の知識といったら、「前に回ったら噛まれるし、後ろに行けば蹴られるから、安全なところにいるの」といった、クラブ馬主の新人にも会ったことがあります。この両極のあいだに思いつくかぎりのタイプが入ります。ために、馬主を類型化したり、カテゴライズするのはほどなく諦めました。

◉馬主の法則

ロン・ヒギンズは、これまで取材したなかでもとりわけ親切にしてくれた馬主のひとりです。名馬ダブルトリガーの馬主といった方が有名でしょうか。仕事中に取材に応じてくれるかコンタクトをとると、三〇分くらいでも時間を割いてくれればラッキーと思っていたのですが、さにあらず、忙しいのに、なんと丸一日も時間を取ってくれ、しかもオックスフォードまではるばるやって来てくれたのです。競走馬の見分け方、買い方、走らせ方は、わたしが取材した馬主のなかでもはるかに科学的で実証的。それでいて、競馬にたいする馬主共通の態度、何ともいいようのない感情の現れを漂わせていました。

一般に、競走馬の馬主といえば、計算高く強欲という印象をもたれています。しみったれた賞金とバカ高の預託料に、いつも文句ばかりいっているからです。でも、世間の目からすれば、しょせんは趣味にすぎないものからどんな利益を期待しているのか理解できないというもの。そもそも競走馬を所有するのは法外な金持ちのはずだし、不満をいう馬主に同情など感じないと誰もが思っているのです。競馬など、馬主家業にとってはもとより不安定なスポーツだと見ている熱心なファンのあいだでは、事業としての馬主はかならずしも人気があるとはいえないのです。レース後の表彰式で、大歓声

＊フォートナム・アンド・メイスン＝Fortnum and Mason。一七〇七年創業、ロンドンに本店のある高級食料品店。

が上がるのは馬を勝利に導いた騎手であり、競馬をよく知るファンなら、馬を出走させるべき何ヵ月も準備した調教師に向けられます。競馬という事業そのものの経済的基礎をもたらした馬主には、ほんの僅かな声しか上がらない（いうまでもなく、賞金はその逆の順位ということになります。レースのプロセス、その最高潮を演出した勇者＝騎手はその職責を金銭面でもっと称えて欲しいでしょうが……）。

調査を始めたころは、馬主にたいし一般の人びとが同情心をもたないことに、わたしも共感していました。賞金額の議論は、いまでもあるていど理解しています。ですが、個々の馬主に会って、訊いてみると別の面からなるほどと思うことを発見したのです。競馬に関わることで金儲けしようなど期待していないと多くの馬主はいうのです。浮きも沈みもしないと大声で笑う馬主もたくさんいました。「そうね、もちろん賞金がアップすりゃ良いと思うよ。でも、いつか勝つかもしれないっていう思いには、馬が要るんだな。ウチの馬は、賞金なんかはほとんど関係ない位置でいつも終わってるからねえ」と、ある馬主は話し、肩を揺らして、自嘲の笑いを浮かべました。

それから、さらに多くの馬主を取材していくと、独特な仕草や表情をすることに、私自身慣れっこになりました。つまり、どの馬主も、同一の演出家から演技指導されたんじゃないかと思うほど。どの人も運命の定めのように肩を揺らし、切なく笑いながら、分かっちゃいるけど止められないという表情をし、我ながら困ったというように眉をひそめ純真な目を見開くのです。

とある開催で取材した馬主には、たとえば建設作業員が一人いました。会費の高くない大型クラブ馬主の会員でした。また、あまりパッとしない牝馬を共同所有する公務員とか、小さな町の税理士、クラブ馬主の女性や警官、三人の株仲買人とその妻たち。そして、この日、出走予定の馬を自ら生産した繁殖「農家のジェントルマン」と、まさに多士済々。ここに挙げた例が全体を代表しているとはいえないでしょうが、多様な見本といって間違いありません。外見的に共通するところはほとんどありません。でも、どの点からも、さきに述べたような独特な仕草、表情を示したのです。それは、まったく薄気味悪いほどでした。

幸運に恵まれて、競走馬のオーナーになれたとしたら、自分の趣味について訊かれれば、どう振舞ってよいか。いまはすっかり心得ています。わたしの所有馬がとりわけ振るわなかったりしたら（たいていの筋書き）、みじめな状態について、人間的で、さりげなく、それでいて愛情に満ちた応え方なら、底なしの用意があります。一介の生き物に汗の結晶である稼ぎを注ぎ込み続ける、我が愚かさ、その奥深く隠れた能力を信じてやまないバカさ加減に、肩をすくめ溜息を吐く、ひきつった笑いを浮かべ、あてどなく眉をひそめ、調教師のいった話を明るく口にするのです。「来月のウォルヴァーハンプトンなら、この馬に合ったレースがありますよ」

わたしの所有馬が大きなレースに勝っても、自分がいたからだなどという思いはグッと抑えます。かりに自分自身で生産し、育て上げたとしてもです。むしろ、賞賛は馬そのものや調教師、騎手、厩務員、獣医、装蹄師、厩舎関係者、馬の先祖等々に向けます。そして、競走馬オーナーの成功率が惨憺たる数字であることを挙げながら、自分の稀に見る幸運はビギナーズラックそのものだといいます。

自分の成功を自嘲する口実はないか見つけつつ、申し訳なさそうに肩をすくめ、作り笑いをし、眉をひそめる作法をするのです。

もちろん、こうした行動をしない馬主もいます――横柄で威張りくさって、自分の成功を自慢し、その誇らしい立場に見合った業突く張りな馬主。でも、それは馬主のだれにも見られる態度ではありません。アラブ人オーナーたちは、ダービーに勝っても、ほとんど無表情で、かすかに笑いを浮かべるていど。これにより、馬への愛情がないのではないか、競馬にたいする真の情に欠けているのではと非難されることがよくあります――たしかに、この人たちにとって競馬は金のため、なにより他への優越を示す手段にすぎないのです。これは公平な姿とはいえませんが、かれらの見方からすれば、自分たちの社会的地位に相応しい、威厳ある振舞いをしているだけだというわけです。持ち馬が勝ったからといって、女王がスカートを持ち上げダンスを始めたら、ゾッとするでしょう。一方、アラブの王族にとって、王の尊厳や平静を保つという厳しい基準からいささかでも外れる振る舞いは、おなじように考えられないことなのです。アラブの王族は、わが王室の面々が伝統的儀式を守っているように、行動のエチケットに従っている――たとえば、パドックへの出入りに位階の順列どおりに並んで行くなど――のです。堅く維持され、遵守される規範は、競馬開催の場でも、熱の入れようとか、喜び加減とかさまざまに異なることはたしかですが、形式を守るという点ではまったくおなじなのです。

こうしたことは、いろいろな文化を越えてどこにもあります。一族が集まる機会（秘儀参入《イニシエイション》の儀式、豊穣の祭り、競馬開催）で行動を御する規則は、それぞれ違っていても、規則そのものはかならず存在するのです。人びとはそれに従い、規則からの逸脱は非難の責めを負うのです。ヒトという種は、どういう行動をするのか規範――念入りな細部、下位規定、多様性を含む、ひじょうに複雑な規範――を作らなくてはいられない、そしてこれに従い維持する、社会的な重要性を付加してやまない種なのです。かくして、競馬サークルの「行動のエチケット」について、この本でも一章（第11章）まるまる当てることにしました。そこでは、馬主と調教師との関係を規定する特殊なエチケットについても書いています。

◉トーテム的な生き物

馬主は、尊敬は得ていなくても、トーテム的な生き物、すなわち競走馬との「コネクション」のおかげで、競馬サークルという社会にあって、特殊な立場にあります。人類学専攻の一年生でも分かっているように、トーテム的生き物というのは、一族の象徴的存在と考えられており、競馬文化にあっては、競走馬にたいする態度や期待感といったもので、そのさまざまな側面に反映しています（厳格な人類学者もこの本を読まれるでしょうから、申し添えておきますが、わたしとしては「トーテム的な生き物」という言い方をかなり広義に使っています。もっとも、トーテミズムの定義については人類学者のあいだでも、これまでに完全な一致を見たわけではありませんから、わたしとしても、まあ大丈夫だと思っています）。

前述のとおり、競馬場という限られた場所の社会風土は、行動の逸脱と規範に沿った行動との絶妙なバランスを特徴としています。まさに、トーテム的な生き物にたいするサークルのさまざまな期待のなかに、そのバランスが現れています。たとえば、競走馬は鞍や頭絡を付けられ、引き回され、騎乗されると。これは、皮革や金属、また厳しい調教により、しかるべき行動様式に基づいて制御され、押さえつけられていることを示しています。その一方、もっとも基本的な本能、すなわち走ることを期待され、解き放たれ、自由に行動するよう督励されるのも競走馬の姿なのです。

レースともなれば、この生き物とサークルの人間たち（とりわけ「関係者＝コネクション」）は共々に念入りに着飾り、身づくろいをして現れる。髪の手入れはもとより、髭は刈り込まれ、爪はピカピカに光り輝く。パドックは人も馬も正しき振る舞いをするよう努める――気品をもって集い、周りの人びとはその様子をしげしげと眺め、出走馬を羨望の眼差しで注目するのです。数分もすると、その端正なたたずまいをかなぐり捨て、人も馬もレースの興奮に飲み込まれてゆく。馬の群れは、その昔、先祖が捕食者から逃れることを可能にしていた本能的な跳躍力をそこで復活させている。他方、人びとの群れは雄叫びを上げ、戦の舞や勝どきの踊りとなって表すのです。

馬の象徴的機能に加えて、競馬社会の政治的、経済的そして社会的全生活はこの生き物を中心に展開します。それは、伝統的な部族社会が、牛やヤギをめぐって展開するのとまったくおなじです。競走馬は、繁殖、飼養、売買、取引、シンジケート、調教、騎乗、競走、厩舎、装蹄、検診、馬匹等々が競馬サークルを構成する人びとのあいだに、多様な関係、結束、協力といった複雑な網の目を生んでいるのです。

どの馬も、生まれる前、いや受胎する前から、二人の人間のあいだに、少なくとも一つの重要な関係を作っています。種牡馬の馬主と繁殖牝馬の馬主です。多くの場合——さいわいにも牡馬と牝馬、両方を一人が所有する場合でも——種付けに先立つ、長々とかつ細々とした判断過程にさらに多くの助言者が介在しているのがふつうです。

繁殖場に牝馬が輸送されてくると、厩舎担当者が決まり、獣医や繁殖場の責任者が子細に検査しますが、それ以前すでに、その馬に関する大部の書類がチェックされ、既決のスタンプが押され、サインがなされています。かくして、人びとのあいだに信用や債務などを含む、多様な関係や交流の複雑なネットワークが構築されるわけです。

生産馬が成長するさいも、多くの人びとがこれに関わることになります。少なくとも、売買仲介業者、競売業者、武装具製造業者、飼料業者、装蹄師、獣医師、厩務員、調教師、調教助手、調教事務員、騎手、馬匹運転手、そしてたいていは厄介な銀行支配人と、こうした幾重にもつながる人びととの関わりがあってはじめて、新馬はコースに一歩を踏み出すことができるのです。そしてその後、この馬主が積み重ねてゆく無数の友人、仲間、自称アドバイザー、その他取り巻き連中など、それはもう数えきれないほどです。さらに、その馬に関わる調教師や騎手の関係者、諸々の広がりもいるでしょう。このようにわずか一頭の馬が生み出す人間の「コネクション」、その網は巨大な糸球になっていくのです。これが分かったのは、一度、人間関係のチャートを作ろうとしたからなのです。まともな民族誌は、たとえば、一族内のイトコ婚のシステムとかヤギの相互交換といった、キーになる要素間の関係性を示す象徴的なチャートを含むのがつねだと考えたからです。しかし、競走馬を取り巻いて形成される典型的な人間関係のチャートは、まるでスパゲッティ工場の爆発のようになってしまいました。つまり、この相関図があまりにも複雑怪奇になってしまい、これはあり得ないだろうということと、もとよりわたしの無能さの表れということになりました。いずれにしろ、徒労でしたし、お目にかけられる代物ではなかったというしだい。

第8章　部族

競馬サークルには、「平地」と「障害」（これは「ナショナルハント」ともいいますが、日常会話のなかでは「障害」というのがふつうです）という二つの部族、区分があります。これは、平地シーズンとか障害シーズンというのともつながっています。この区分けは、競馬人のほかの分け方にも広く波及しています。たとえば、平地の調教師と障害の調教師、平地騎手と障害騎手、平地馬主と障害馬主、平地ファンと障害ファン等々といった具合です。競走馬の方もおなじように平地馬あるいは障害馬のように分けます。

各種委員、役員やジャーナリスト、職員、多くのファンなどは基本的にどちらの分野にも関係していますが、取材したほとんどの人は平地、障害いずれかに強い「関心」を口にしていました。しかも、サークル内の知り合いはほとんど二つの分野の本質的な違いを認めてはいましたが、その違いの認識において、公平な姿勢をもっている人はほとんどいなかったのです。

こういう意識の違いに人類学者は堪らないのです。フィールドワークの初っ端で、研究対象の文化に「二項対立」の証拠を少しでも見つけようものなら、興奮しまくります。たとえば、レヴィ＝ストロースも書いていますが、「生のもの・料理されたもの」とか「男性・女性」、「自然・文化」のように対語のあいだに点を打ったりして、状況を際立たせたりします。こういう人類学的な奇怪な反応を目にすることがあっても、心配して救急車を呼ぶようなことはしないでください。人類学への初歩、入門儀式の余波みたいなもので、一時間とかからずすぐにつぎの関心へと移っていきます。

人類学者は、この二項対立を見つけようと躍起になってはいけないのです。研究対象とする文化は、いずれもこの手の象徴的な対立概念を抱えているものです。なにしろ、物事を二つに分けて、その違いを強調するというのは、人類の本性なのです。人間の精神は世界を対立する二項に分けるのが好きなのです。白：黒、右：左、オス：メス、氏：育ち、我々：彼ら、平地：障害等々。人類はまた、自分を何らかの社会集団に帰属しようとし、それが他の集団といかに違うかに熱中するのです。多くの文化では、人間世界を比喩的に語るのに動物世界を持ち出します。競馬サークルでも、関係者の区分を象徴化して違いを明確にしようと、トーテム的な生き物、すなわち馬を引き合いにします。ですから、わたしも平地と障害の相違や馬の区別にサークルの人たちが文句をいうのに気づいたとき、驚いてはいけなかった。初級の社会人類学者なら、ひとつの文化のなかで、どのグループも他のグループにたいして、自分たちの方が優っているとか、お互いに相手を蔑む言い方をすることは予想できたはずです。

たしかに、平地の関係者は、障害人のことを素人だとか金持ちのドラ息子、田舎者、「放蕩者」といい、その競馬にたいする態度を非科学的とかアマチュア、感傷的、優柔不断、おっとりといって笑いものにします。逆に、障害関係者は、平地人を抜け目のない奴、新興成金、ピンストライプ・スーツを着た会計士と表現し、競馬にたいする姿勢も、計算づくの守銭奴、仕来りに縛られてばかりだと批判するのです。

馬の性格づけも、これらの常套句を強調するのに使います。たとえば、障害人たちによると平地馬はピッカピカに光って、高額、まことに頼りない。たいするに、タフで力強く、高貴、勇敢で耐久力に溢れているのが障害馬ということになります。

この両区分の陽気な戦いに血が流れることはありません。ですが、そのライバル関係は対立を表す象徴で満ちています。人類学者がよく使う記号「:」は「対」を表しますし、「::」は「つまり」を表現します。「生もの:料理されたもの::自然:文化」という具合です。つまり、ある社会では、生の食べ物は自然の世界と等しいということを示し、料理された食べ物は文明を表すということです。これを競馬の世界に使うと「スピード:スタミナ::デザイナージャケット:バブアー*・コート::夏:冬::ポルシェ:ランドローバー::価額:感傷::新札:旧札::若者:熟年::平地:障害」となります(こういうことが面白いと感じられ、まだ人類学者になっていなかったら、おおいにその素質ありで、ぜひ人類学者になるべきです)。

*バブアー=一八九四年創業のイギリスのアウトドア衣料品ブランド。

競馬サークルにとって、平地／障害の対抗が重要だとしたら、本書の初めの方で説明した区分け、つまり平地と障害の区別より社交目的ファンと熱心なファンという区別の方が優先するといっていたのですが、その説明では十分でないと思われるでしょう。また、サークルの人たち自身も区分けが重要だと考えているとしても、人や物事をいかなる形でも分けるというのは、傲岸不遜で、真の「内部観察」になっていないと、真面目で人道主義的な人類学者仲間ならいいだすかもしれません。

でも、それはナンセンスです。どの社会集団においても、すぐ近くにいる別の集団については、バカだ、常軌を逸してる、ムカつくと見ているものです。実際にそう信じていなくても、そうした思い込みの社会的な重要性とか意味は考慮に値します。おなじように、競馬サークルのなかでライバル関係にあるグループが口にする常套句に、いささかの真実があることは判るのですが、そこでいう彼我の違いというのは、口で言うほど中身があるとはいえない。

ライバル関係にある集団というのは、互いのほんの些細な違いも誇張するのがつねなのです。というのも、それにより、それぞれの内部にある結束力を生み、固めたりする恰好の手段になっているからです。わたしたち自身にしても集団内の団結力や連帯感をもつためには、他とは違うということを誇張するはずです。集団が似通るほど、その対照を捉え、誇張し、粉飾したくなってくるものです（たとえば、一九六〇年代に流行ったモッズ族やロッカーズの若者たちを思い出してください。どちらもバイクを乗り回す、反抗する若者たちでしたが、バイクや服、音楽の違い、対照こそ重要だと考えていました）。思うに、こうした不自然なほどに強調された違いを記録し、その意味や社会的な機能を分析するのがわたしの仕事ですし、また、サークル全体の批判という冒険を冒しつつも、より正確に、客観的な構図を描くことも任務であろうと考えます。

とはいえ、報告を発表するにあたり、サークル内のライバル関係について、信用できる関係者に前もって明らかにしておこうと予防策を講じることにしました。その際、外交的配慮からあえて言い換えもしましたし、必要とあれば、グッと甘い表現にもしておきました。ところが、杞憂でした。あるグループに強い帰属意識をもつ関係者に、ごく慎重に報告書を見せたのですが、驚くほど心底からわたしの観察が正確だと褒めてくれたのです。なかのひとりは、分析を読みながら、何度か哀れんだように頷いたり、たじろいだりし、しまいには大声で笑いだして、「認めたくはないなあ。でも、キミのいう通りだ、コンチキショウってとこだ！　いったいクソ人類学者に調べてもらおうなんて素敵なことを思いついたのは誰なんだ？」

これはよくある反応です。ちゃんと議論してくれるか、怒り出すか、予想はしていたのですが、あに図らんや、どの人も肯ったり、唸ったり、自嘲の笑いを浮かべたり、はたまた、こちらを脅すふりをしたり。それでも、一言一句変えないほうがよいといってくれたのでした。

この手の厄介な出来事をやり過ごすたびに、ウィンザー競馬場でジョッキー・クラブの役員から貰った「祈ってるよ」という言葉を思い出していました。それはやる気を起こす呪文になっていましたから。繰り返し自分にいい聞かせたものです。さらに続けた言葉は「素晴らしい、頑張って続けるように」。

第９章　アイルランド問題*

ライバル関係にある平地と障害という二つのジャンルも、イギリスではかなりバランスがとれていますが、アイルランドでは、障害の方が優勢なのです。平地に比べて障害の方が圧倒的な人気で、統轄当局もファンを呼び込もうと、平地の開催に障害レースを折り込ませなくてはならないのが現状です。しかし、これは、ある競技の方が他より良いといった単純な好みの問題ではありません。アイルランド競馬の文化全体が、障害ジャンルの価値観、行動規範等々に侵食されているということ——そこには平地ジャンルにたいする根深い偏見が含まれているのです。

じっさいにアイルランドの競馬ファンにイギリスとアイルランドの違いを訊いてみると、イギリス

＊アイルランド問題＝イギリスにとってアイルランドはいちばん近くにいる他人のような、「ノドに刺さった小骨」のような感覚。ここでも、皮肉とも自嘲とも笑いを含めて複雑な感覚が下地になっている。

の障害人が考えている平地、障害の違いとほとんど変わらない答えが返ってきます。とくに、イギリスの障害人とおなじくアイルランド人も、障害人は馬への深い愛情とか、競馬にたいする草の根の献身をもっていると強調するのです。平地人は馬にたいする愛情に欠けるとはいわないものの、障害人に比べて馬に感傷は抱かないところがあるとはいいます。この点で、障害関係者にとって、アイルランドは「魂の故郷」と表現できるでしょう。つまり、馬がいたる所で生き物の王と崇められ、ある意味、インドの神聖な牛のように、人間より上位に置かれているのです。

　競馬が「国技」だという常識があるわけではありませんが――アイルランドの熱心なファンは、国民意識のなかに競馬が重要なものとして組み込まれているという人もいます――、他の国に比べても、アイルランドでは、競馬が国技に近いとはいえるでしょう。アイルランド人は自分たちが良いと感じれば、常套句に身の丈を合わせる傾向があるといわれます。取材した何人かは、アイルランドの競馬について訊かれると、観光案内にあるような、いかにもの言葉で――競馬は自分たちの「血そのもの」と語ったり、たんなる余暇というより、何か底深い意味を込めたように、「アイルランドならではの愉しみごと」と話していました。

　アイルランドの人間に、イギリスとアイルランドの競馬文化の違いを訊くなんていうのは、もちろんわたしの間違いでした。取材相手には、はっきりした違いはないとする返事もアリだと思わせるような訊き方をいつもしていたのです。ですが、違いはある、それも底堅い、決定的な違いだというのが、どうもアイルランド人の国民的誇りのように見えました。かならずしも違いをはっきり指摘しない人でも、アイルランド競馬が独特で、わたしがイギリスで見たものとはまったく違うものであることを自分で確かめろと求めるのでした。

ただし、はっきりいって、これは事実とは違いました。アイルランドの競馬文化は、多くの点で、イギリスのそれとかなりよく似ています。もちろん、アイルランド競馬を卑下していっているのではありません。まったく逆です。つまり、アイルランド版競馬人が示した親しみやすさと感情の爆発との素晴らしいバランス、これはイギリス人とおなじということです。たとえば、アイルランドの開催日にあちこちで見られる人間関係の行動は、イギリスとまったくおなじですし、アイルランドのファンを支える暗黙の行動規範は調和と善意につながるもの。ようするに、アイルランドの競馬場を包む社会風土はイギリスと同様に、まことに明るいということです。

◉馬はズバリ馬

いうまでもなく、こうした全体の輪郭のなかには、いささかの多様性があります。アイルランド競馬の方が優っているんだという自分たちの言い分が正しいことを、こうした違いの主張が意味しているといえば、彼らも喜ぶでしょう。たとえば、アイルランド競馬はイギリスと違って階級性がなく、ひじょうに民主的だと彼らはいいます。イギリス競馬が階級がらみだというステレオタイプについての議論は、すでに第5章で触れておきました。たしかにアイルランドの競馬場は平等で、大きな開催のときを除いて、観客席の区分に煩わされることはありません。とはいえ、イギリスの競馬場にある区分けは、たとえばメンバー席とかタタソールズ席、シルバーリング席などは階級に基づいているわけではないといいたいですね。フットボールやポップ・コンサートなどの高額、低額の席とおなじように金を出せるかどうかによるのです。こんにちでは、たんなる入場料の違いだけで、誰でも望めば、ちょっと多めに払うだけで、少しばかり快適で、眺めも良く、豪華なバーやレストランに近い席を占めることができます。他方、アイルランドのやり方（席の区分がなくて、ドレスコードも囲み柵もない）は、イギリスよりリラックスで気づまりもないとよくいわれるのです。でも、それは階級意識とは別です。

アイルランドの競馬場がイギリスに比べて落ち着くといわれるのは、その構造に加えて、名辞、名称があからさまに正直だというところにもあります——イギリス人は、ことお金のことを卑しむところがあって、そういうところを示すときには、とにかくあいまい、婉曲な言い回しをするのですが、アイルランドではそうしたやり方をしない。たとえば、イギリスでは「ゴードン区域」などと中間的な名称で投票所をいいますが、アイルランドでは、文字どおり賭けの区域（ベッティング・リング）といいます。また、企業の接待席のことをイギリスでは、それとは分からないように、部屋番号だけで示すのがふつうですが、アイルランドではデカデカと大きな太文字の看板を出して、「～企業接待専用席」などと表示するのです。スポンサー名も、パドックの内柵にあからさまに出しますが、イギリスではパドック内は神聖な場所で、商売絡みの表示は下品なものと考えられています。

金銭ごとに関わるアイルランドの無神経ぶりは、そういう看板や表示だけでなく、言葉遣いにも表れています。「勝ち馬を当てましたか?」と、イギリスのファンはいいますが、アイルランドのファンは「稼いだかい?」と。また、場内放送も、レース結果について単刀直入、ファンに馴染むように、「勝った。よくやった」と流します。これをイギリスでは婉曲に「検量! 検量!」と。情報そのものは両国ともおなじで、レース結果は、騎手が「後検量を受け」、レース前の「検量」後、数ポンドでも増減がないか検量委員が検査するまで確定しない決まりですから。「検量!」にせよ「勝ち馬、よくやった」にせよ、不正がなかったことを示しており、勝ち馬に賭けていれば、賭け金は担保されているわけです。とはいえ、アイルランドではより直截な物言いをするだけでなく、ファンの心情に寄り添った表現をしているのですね。

◉鼻を利かせる

アイルランド人は、ことお金のことになるとあからさまなのですが、他の競馬文化については単純ではありません。たとえば、その馬に賭けるかはイギリスのファンと違って、出走表や馬場状態、馬の状態などを子細に検討したり、経験則に基づいて可能性を探るといった、理性的な判断過程を踏むというようなことはしません。なかには、そうした要素を考慮する人もいるかもしれませんが、「内部情報」に、とりわけ執心する人もいます。勝馬を検討する合理的な判断は「鼻を利かす」ことに比べ、あまり重きを置かないようです。どういうことかというと、「内部情報に通じている」人がいて、秘密も握っていることを示すのに、脇鼻を指で叩くという謀り事のような仕草をするのです。

この鼻叩きが、他のさまざまな判断基準に勝るのです。たとえば、ある人の従兄弟が調教師の娘の友達で、その人からの情報だとか、この調教師が二時三〇分のレースに出走する管理馬にいたく自信をもっているという遠回りな裏話を、その人が耳にしたなどの情報が、出走表の念入りな解析などよりはるかに価値があるとアイルランドのファンは考えるのです。彼らは、しかじかの馬が勝つかどう思う？　なんて訊いてきません。その馬について何か聞いてます？　と訊いてくるのです。

　他にもこういう話があります。ダブリンで泊まったホテルのポーターがパンチェスタウン競馬場への道を教えてくれたのですが、その日の出走馬の「内輪話」を知ってるかと訊いてきたのです。競馬場への道すら知らないイギリス人訪問者が内部情報を知ってるかもしれないという、考えそのものがありえないと思って、吃驚してしまいました。あとになって分かったのですが、そう訊いてきたのは、本当に情報を得たいからではなく、こちらが「その筋の事情に詳しい人間」だとそれとなく思わせて、おだてようという社交辞令だったのです。少なくとも、わたしは挨拶くらいだとは思いましたが、一緒にいたピーターは真に受けて、本命とにらんだ一頭を挙げていました。もっとも、その馬は他馬の後ろをダラダラと走っていましたが。

　かくして、パンチェスタウンにやって来ると、アイルランド競馬会のメアリ・フィッツジェラルドさんの出迎えを受け、こちらは詮索好きの研究者にすぎないのに、まるで王室の訪問客のように鄭重な対応をしてくれました。優待バッジを胸に、豪勢なランチをいただき、いささか聞し召したところで、競馬関係者のお偉方を次々と紹介してくれました。さらに、タップリ時間をかけてあちこち案内してくれ、一般客とも言葉を交わすことができました。「接遇大使」や一般のファン共々に、福音伝道師のような熱心さでアイルランド競馬について話をしてくれて、まさにこの国で競馬は「宗教」だといわれているのが分かりました。たしかにその通りかもしれませんが、カトリック教会の公式見解としては、競馬との諍いをためらわないというのもはっきりしています。宗教界が競馬と直接向き合うのは、もちろん、意義のあることですし、祭壇から助言を与えるという聖職者の話はいくつも聞きました。なかには、重賞レースである馬が勝つようミサを執りおこなってほしいと調教師から依頼された聖職者もいたといいます。この聖職者は頼みに応じたのですが、その馬が絶対勝つと確信がなかったら、そんなことはしなかっただろうと、その話をしてくれた人にそっと打ち明けたといってました。その馬は順当に勝って、その勝利に神は幾分かの効験を果たしたのでした。

こうしてみると、アイルランドのカトリック教会は競馬と、経済用語でいう「ウィン・ウィン」の関係にあるように見えます。かつて、初期のキリスト教徒たちは、異教徒の祭礼と時を同じくして自分たちの儀式を巧みに執りおこなっていましたし、またそれぞれの土地の異教徒の伝統、習慣を自分たちの宗教行事に取り入れることも定めだと認識し、協同していました。それとおなじように、競走馬に助言を与え、ミサをおこなうカトリック聖職者も教会の生き残りをかけているわけです。

イタリアでは、さらに先を進んでいます。シエナの有名な裸馬のレース、パーリオに出走する馬は教会に連れて行かれ、祭壇の前で僧侶から十字を切られ、ラテン語で祝福を正式に受けるのです。わたしがアイルランドの聖職者になって大勢の信者を集める方途を求められたら、この習慣を速攻で採り入れます。

◉新しい伝統

アイルランドでは、こうして導入されたやり方は、すぐさまはっきりとした伝統になるのです。じっさい導入した瞬間から「伝統」といわれるようになるようなのです。初めて出かけた開催で、パドックに競走馬が入って来るより早く騎手が集まっている光景を目にしました。これはふつうは見られない風景なので、近くにいた来場者にアイルランドの習慣なのか訊いてみました。「いいや、こんなの見たことない。でも、まあ、新しい伝統になるんだろうなあ」という答え。あとで分かったのですが、騎手が早々と現れたのは、このとき一回だけということでした。ただ、「新しい伝統」という言葉は、イギリス人には形容矛盾のように聞こえるのですが、アイルランドでは競馬界に限らず、広く受け入れられているようです。最近、アイルランドのとある大学で卒業式に出たのですが、その前夜祭で訊かれたのです。「明日の式に導入する新しい伝統のこと、聞いたことありますか？」

アイルランドの競馬場にある社会風土は、イギリスとおなじように気楽な抑制と親しみある礼儀とのバランスを特徴としていますが、脱抑制の程度はアイルランドのファンの方がはるかに高い。たとえば、アイルランドの開催日など、まことにもって気楽で陽気、感情の発散がそちこちに溢れ、ほとんど地中海的な雰囲気です。いうまでもなく、空模様は地中海どころではありませんが、そこに流れる風土、ファンの振る舞い、人づきあいは、スペインやイタリア、南フランスのお祭りを思わせるに十分でした。アイルランド人、イギリス人、ともに自制心はあるものの、競馬開催ともなると感情をはっきり表し、社交的になるのです。とはいえ、アイルランド人の方がより開放的で、より社交的になるように見えます。こうした国民性を考えると、開催日の羽目を外したような雰囲気が、アイルランドのファンといえば有名な粗野で派手な行動につながるのも当然でしょう。毎年、チェルトナム・フェスティバルになると、アイルランド人が大挙してやって来ますが、その振舞いぶりは、おとなしいイギリス人と直接比較すると、よりいっそう目立ちます。

アイルランドのファンが派手でおかし気な行動をするのは、イギリスであろうが自国であろうがおなじです。取材したイギリス人の馬主は、初めてアイルランドの競馬に参戦したときのことを語っていました。まだまだ若く、感じやすい年頃だったせいもあるでしょうが、いい経験をしたと。「たった三日間でしたが、死ぬまでにやっておきたいことのなかで、少なくとも一〇回は経験しました」

これをアイルランドのファンに話すと、ニヤッとしていいました。「そうね、オレたちは楽しみ方を知ってるわけよ。あんた方、イギリス人も、どうやったら楽しめるか勉強する必要があるな」

「ああ、分かりました。皆さんチェルトナムでしてたことは、気楽にすること、楽しむことを、わたしたちに教育しようとしてたわけですね。そうでしょ？」

「そのとおり。チェルトナムで実例を示してやろうと、一生懸命やってるわけよ。でも……」と、大げさに肩と腕を広げて、「あんた方イギリス人に人生の楽しみ方を教えるのは、ひと苦労。でも、オレたちはいつでも教えてやる気はあるよ。あんた方、覚えが悪いからなあ、だろ？」と、笑うのでした。

第2部

仕来り、エチケット、言葉

第10章　仕来り

人類は仕来りに執着する動物です。食べる、飲むといった基本的な動作であっても、無数の複雑な習慣や決まりごとに従うのです。他の動物は、ただ単におこなうだけですが、人間は途方もない歌や踊りを伴います。これが「文化」とか「文明」といわれるものです。

この点、競馬人も他の人間世界とまったくおなじ——いや、おそらくそれ以上かもしれません。とにかく、わたしがこれまで研究してきた社会と比べると、競馬人の行動、振る舞いははるかに仕来りに沿ったものになっています。たとえば、パブも仕来りに溢れていますが、競馬場と比べるべくもありません。わたしが目撃したほとんどすべての行動、人と人との関わり方、会話は突き詰めれば、古代の習慣と変わりがありません。この国のすべての競馬開催日、一日のうち何度も繰り返され、それが何世代にもわたって引き継がれてきたのです。

◉巡り巡る仕来り

たとえばの話、開催日、レースとレースのあいだには三〇分の間合いがあって、そのときには何をやっても自由なわけです。ところが、仕来りを重んじるあまり、思いもかけない、意外な行動をすることはないのです。観客たちは、その三〇分に、まるで決まった演技をするよう演出されたかのごとくに、スタンドと飲食店、投票所、パドックのあいだを、大波をうって往来するのです。大多数のファンは、巡り歩く仕来りに参加しており、まったくの初心者でもこうした古式ゆかしい伝統のリズムにあっという間にはまってしまいます。

完璧な仕来り歩きは、まずパドックから始まります（より熱心なファンは、装鞍所の下検分から始めます）。そして、それぞれブックメーカーやトートに行き、オッズを見比べ、馬券を購入。ついで、スタンドか芝地に出て、レースを観戦。レース後は下におりて「ウィナーズ・サークル」で勝ち馬をお迎え称賛。しかるのち、バーか、ドリンクスタンドで祝杯もしくは残念会で一杯か食事。つぎのレースの検討。そして再びパドックへと、こうした光景が繰り返されるのです。

さらに熱心なファンは開催のたびに少なくとも五回は、この仕来り巡りを重ね、午後いっぱいを過ごします。ですが、この基本的な巡行にも例外や変種も数多あります。とくに熱心なファンのあいだでもよくあるのが「飛ばし」。第一レースを外すとか、昼食や最終レースをやめてお茶にするとか、帰りの駐車場が混雑するのを避けて大いに飲む等々。「大きなレース」——たいてい第三か第四レースに組まれている——の日ともなれば、他の日よりはるかに多い人たちが完全な巡り歩きを実践します。企業接待のアテンドにやって来るスーツ組も、ビッグレースのときだけは、テントから出て巡り歩きに現れます。

来場者のなかには、スタンドや芝地になど出ないで、バーやレストラン、あるいはトートの売り場脇に設置してあるテレビ前に陣取って、レース観戦だけに集中する人もいます。こうしたテレビ観戦派は、巡り歩きなどに関心のない社交目的来場者なのかと、当初は思っていたのですが、その振舞いをよくよく観察してみると、そうではないことが分かりました。たしかに出走馬が最終ストレッチに来るまで、画面などチラチラ見るだけで、お喋りばかりしているという、明らかに社交目的に違いないと思える人もいますが、テレビ観戦派の多くは、スタート前の輪乗りをはじめ、出走馬の一連の動きに絶えず注目しているのが見て取れるのです。訊いてみると、テレビ前から離れない人はむしろ競馬に熱心なファンばかりで、なかには調教師もいました。スタンドから見るより、テレビで観た方が馬や騎手の動きがよく分かるのだと説明してくれました。社交目的の人はテレビ観戦の主な理由として、その方が気楽だから、あるいはお喋りを他人に邪魔されたくないからだといっています。思った通りでした。

一般ファンの巡り歩きは、はっきり分かりましたが、一方、調教師や騎手、厩務員、開催委員、メディア関係者、スティワードらにも独特な歩き方があることも分かりました。

＊五回＝イギリスでは一日六レースおこなわれるのがふつう。

たとえば、調教師の場合、まず検量室に行き、レースの終わった騎手から鞍と番号ゼッケンを受け取るところから始まります。つぎは装鞍所で出走馬に鞍を着け、パドックに出て馬主、騎手とレース前の打ち合わせ。終わるとスタンド(あるいはテレビ前)に移動して、レースを観戦。つぎに脱鞍所(もちろん幸運なら、ウィナーズ・サークル)へ行き、騎手のレース評を聞く。そのあとは、馬主とお決まりの遣り取り(ないし祝辞)。そして、再びそこを離れ、つぎのレースに向けて巡り歩きを繰り返す、と。

騎手の巡り歩きは更衣室から始まります。そこで勝負服を着けながら、他の騎手たちと冗談交じりに情報交換。つぎに検量室へ赴き検量。パドックに出ると、馬主や調教師と社交辞令の挨拶。騎乗してコースに出馬、輪乗りをして発走。周回。戻ると脱鞍所かウィナーズ・サークル。再び検量。これが終わると更衣室。かくして、つぎのレースに向けて巡り歩きを繰り返す、と。

調教師や騎手の巡り歩きとは違って、スティワードや開催委員の行動は検量室に集中しています。サークルの「コアな」メンバーにとって、検量室は世界の中心なのです。ここで、開催日の仕事すべてが処理され、関係者一同が、接触し合うのです。

開催日に関係者が会おうとするときは、きまって「第一レースが終わったら検量室で」とか「三時三〇分のレース前に検量室の外で」となります。他の人たちもみなおなじような具合です。というのも検量室の戸口はいつも時計を見たり、嘆息交じりに話している人で溢れているからです(実際には、開催日に時計を見る必要はほとんどないのです。レースの発走時間は出走表を見れば分かりますし、ファンの群れがどの巡り歩き中なのかよく見れば、時間を推し量ることはできるからです。いつもは辛抱強い同僚のピーターがいうのです、「やれやれ、ケイトよ。キミに時間を訊くと、ファンや関係者の巡り歩きについてあれこれ説明されるのを聞かされるわ」)。

「検量室」という言葉は、検量器や検量委員のいる部屋そのものだけでなく、そこに付帯するスティワード室や騎手の更衣室をも指します。検量室は便利な集合場所というだけではなく、開催日の管理部なのです。ここから騎手やスティワード、発走委員、裁定委員、調教師その他、さまざまな開催関係者などが一定のリズムで出て行き、また三〇分ごとに再び戻ってくるのです。

スティワードの巡り歩きといえば、まず検量室からパドックに行き出走馬の検分。つぎに各所の監視ポイントから双眼鏡で観察。再び検量室に戻って、四台あるテレビでレースを監視し、規則違反するものがいないかチェック。それが終わると、つぎのレースに向けてパドックに出るという巡り歩きを繰り返します――ただし、ときには裁定の聞き取りがあって、そうなると審議を重ねる余分の行動が加わることもあります。

あるときのこと、検量委員の隣に座っていましたら、審議の後の書類が回って来ました。それが委員の机に置かれたときは、丁度、委員も忙しくしていたのですが、それから振り返って、「まだ審議は終わんないのかね」と。

「そこあるのが結果だと思いますよ」と、書類を指しながら私が答えますと、

「なんで分かるんだ?」と、訝し気に訊きます。

「あの《スティワード》ってあるドアから出てきた人が置いて行きましたもの」

「そうかい。でも、審議結果だなんて、どうしていえるんだ？」

「〝着順変わらず〟」と自信たっぷりに当て推量をいいました。

「分からないでしょ。書類、開いてないんだから」と委員は書類を開いて読みながらいいます。そして、こちらをじっと見ながら、「どうして分かったんだい？　あんた、千里眼かなにかか？」

「いいえ、でも、それって審議の結論ですよね？　〝着順変わらず〟結果は明白」

検量室全体が爆笑の渦に包まれました。スティワードといえば、時間ばかりかけて、ボケた審議しかしないというお決まりの冗談に、わたしの素朴な観察が結びついてしまったわけです。その後も、午後のあいだじゅう、誰彼となく、その冗談を繰り返し、大声で笑うのを耳にしたものです。

ようするに、スティワードの職務にたいするわたしの小賢しい冗談がポイントではなく、開催日に見られる行動パターンの大半は、スティワードの審議、裁定だけでなく、ほとんどが予測可能だというところにあるということ。なにも知らない人が一見してすぐに分かるというものではありません。競馬開催は、ほかのスポーツと比べて混沌としているように見えるでしょう。指定席もありませんし、ファンはあちこち自由に歩き回っていますし。でも、関係者の行動は揃いもそろって、儀式化していて、人びとの行動を見て、すぐに何をしているのか分かるようになりましたし、人同士の遣り取りやその内容、声の調子まで、いつ何時でも予測さえできるのです。

調査のためレースに行くのに付いてきた人たちは、わたしのそうした能力のおかげで得をすることもありました。たとえば、「ここのバーね、いまはどうしようもなく混んでるけど、みんな熱心なファンだから、あと五分もしたら第一レースなので、出て行ってしまうから、テーブルに座れるわ」などと、自信たっぷりにいえたりしたのです。もちろん、わたしがレース結果まで予想したら、みんなもっとビックリしたでしょうが、そんなことは競馬開催日のなかで、予想できないことのほとんど数少ない例外のひとつだと、必死になって言い訳したものです。

◉出走表の仕来り

レース当日、番組*の情報源以上の存在が出走表です。来場者にとって、行動習慣のさまざまな場面で使われる、いわば生きた社交道具が出走表なのです。見知らぬ人との会話のきっかけとして、レース前の議論および事後の慰め合いの小道具として、パートナーとの絆を深めたり、はたまた口説いたり親愛を表す手段として、地位や階級を表示する装置として。そして、もっとも重要かつ本質的、常時、役立つ出走表の役割、それは「転移行動」の道具だということです。つまり、社交の場で、呆然としたり、自信満々になったりするときに決まって頼りにするのが出走表なのです。

この出走表を手にしていると、メンバーの証しになり、競馬ファンへの入門章であったり、お互いの結束力を高めることにもなります。レース後、駅のホームなどで、物言わずとも頷き合ったり、微笑んだりし合って、ファンどうしであることが確かめられる。

＊番組＝競馬界では、レース順などをこう呼ぶ。

そもそも、ここに書いている観察も、出走表の余白にメモしたことが元になっています——「自分の正体を明かさず」にできる観察記録をつける唯一の方法です。ただ、この方法の困ったところは、ファンにしてみると、わたしが有力馬について何か確かな情報を書き留めてるのじゃないかと思われがちだというところです。「r／cは自己顕示行動」などとメモしているのを彼らが見たら、さぞガッカリするでしょう。

◉会話の仕来り

サークル人の習慣的会話はまことに単純。イギリスじゅうの競馬場で、開催のたびに、いついかなるときにも、脚本に書いたような会話が遣り取りされているのです。一定の儀礼的な文句は見られますが、一言一句ほとんど変わりません。それに、遣り取りする会話の基本的な文法も内容も決まっておなじなのです。

習慣化されている会話には「つぎのレース、どれが本命？」などがあります。これは社交の切り出しとしては万能の口火です。

イギリスで知らない者同士のフレンドリーな会話が成り立つ、ほとんど唯一の場所が競馬場なのです。ただ、こうした会話は一定の習慣に従って始め、進んでゆくべきだと、いまのイギリスでは考えられています。

競馬場で、誰彼とわず、訊きます。「二時三〇分のレース、どれが本命？」とか「つぎのレースで、何かいい情報ある?」とか「三時一五分のレースは、どれを買うの?」など、中身はおなじでいろいろなバージョンがあります。こういう問いかけには決まって出走表のジェスチャーが伴います。まずは自分の出走表を持って、しかるべきところを指さすか、「相手」の出走表を覗き込んで、調べたり、「相手」の出走表の横に自分のを並べたり、互いの出走表を接触させたり——とにかく、出走表が社交の在り方を示す象徴になっています。

この慣わしは、イギリスにおける社交の場所のなかで、わたしなりの「番付表」では、パブの上位に競馬場を位置づける主な所以です。番付を作るうえでカギにしている基準が、他人同士の気やすい会話がどれだけ受け入れられるかという点にあったことを憶えておいででしょう。たしかに、他人同士の社交的な遣り取りは、パブでも見受けられます。ですが、競馬場文化はさらにその先をいくのです。決まり文句の口火を切ることで、社交を打ち解けたものにしてしまうのです。

パブのカウンターで隣に立った人と会話を始めるのは、社会的に認められる行為ですが、つぎに話すことを考えなければいけないでしょう。天気の話題などは、イギリスで広く認められた儀礼です(「いい天気ですね」は、詳しい数字など出さなくても、切り出し言葉として、この国のだれもがよく知っています)。でも、始めはそうであっても、双方でまだ多少の努力は必要となります。競馬場では、その必要はいりません。出走表を開いて、お定まりの言葉を繰り出せばいいのです。「二時三〇分のレースは、どれが本命ですか?」は、出走表の真剣な分析などいらない、開口一番なのです。でも、空模様に関心があるふりをするのに比べて、つぎのレース結果を予想するふりの方が、その後もしばらくは話がもたせられるというものです。

他人同士が気安く話ができる、出来合いの開口文句がある、共通の関心事がある、これはいずれにおいても、競馬場が打ち解けた社交のできる理想的な環境であるといえるでしょう。たまたま、競馬場調査と同時期にマルティーニ社からの依頼で、社交に関する調査プロジェクトも並行していました。マルティーニ社の調査は、もっぱらデスク・ワークが中心で――男女間の交友行動に関する無数の学術雑誌や書籍を読み漁ること――、それでもバーやクラブでの観察などフィールドワークもありました。そこで考えていたのは、交友関係をうまく進める要素は何かということでした。その結果、分かったのは三つの要素、酒、親しむ気持ち（とくに初めて会った人と打ち解けて話せるか）、そして共通の関心事の三つでした。この三要素を提供してくれる数少ない場所こそ、競馬場なのです。

パーティーや酒場も、男女が仲良くなる社交の場と一般には考えられていますが、共通の関心事という要素には欠けています。また、酒のような潤滑剤やある程度の社交意識というのにも欠けています。これに近い場所としては、学生のパーティー（学生の場合は共通の関心事はあります）、職場の同僚パーティー、ビジネスとか学会などの会合が挙げられます。ところが、誰にも見境なく開かれているのが競馬場なのです。「三時三〇分のレース、どれが本命ですか？」といった、「本命」などという言葉を含む開口一番のある有利さがそこにはあります。

とはいえ、「つぎのレース、どれに賭けます？」といった通り言葉が、男女の交友にだけ役立つというわけでないことも分かりました。男女の会話の入り口には定番で、レース前の会話として、出走馬の能力などを議論したりするところに繋がってゆくものではあります。この手の議論に加わる人たちは、勝ち馬や展開といったことに、とても真面目で熱心な関心をもっていますが、それは、ゴリラやチンパンジーの毛繕いとおなじ役割を果たすといってもいいでしょう。動物たちは互いの毛繕いに熱中しているように見えますが、それが主たる目的ではありません――なぜなら、すっかりきれいになっているときでも、それをするからです。重要なのは、レース予想をする人たちにとってもですが、もっと近づいて、お互い打ち解ける振る舞いをする、それを双方で共有するというところなのです。競馬ファンは出走馬への関心を表明することで、おたがいの関心のありようを表し合っているわけです。出走表のどの馬に賭けるかといった情報交換は、相互の贈与交換といえます――人類学専攻の一年生がまず教わるのが、この贈与交換が人間の絆を形成する基本とされている点です。

パドックの周りをなんども歩きまわり、ファンたちの予想話を漏れ聞きました。皆々、出走表を手に柵にもたれ、周回する出走馬を値踏みするわけです。そして、隠語や名言をやり合ったり、独特の方程式などを自慢したりするのです。たとえば、ある一頭を指して、「脚色の良い馬（a bit on the leg）」といったり、「素晴らしい馬（fills the eye）」、「あれは上手く冬を越した」、「レースに出たら本領を発揮する」、頭を上げ下げして落ち着きのない高齢馬には、「いつも返し馬で意気をあげるから、心配はない」というような言葉を交わしています。こうした訳知りの会話には、出走表や新聞を見たり、頷いたりといった仕草を伴います。

社交目的の来場者たちのパドックでの会話はもっと面白い。どの開催でも、あまりよく競馬のことを知らないくせに、自信過剰の風情で無知な連れに、専門家はだしの勝ち馬予想をする人が少なくとも一人はいます（わたしのお気に入りの体験。「歩くときにねえ、尻尾を振るのを探すといいよ。ほら、あのように。あれがいいしるしよ」）。

熱心なファンの遣り取りには嘆きの仕来りといったものもあります。「ダービーらしい雰囲気がなくなったよなあ」とか、その他、レースのさまざまな場面に出没する幻滅や嘆きの決まった口吻などです。幻滅の姿は多様です――馬主は賞金額の少なさに不満ですし、ファンはブックメーカーの強欲を愚痴ります――、ですが、その声音や物言いはすぐに見分けがつきます。こういう幻滅の原因にたいしては象徴的な不満がつねにあって、それには激しい頷きや同意が伴い、それゆえ会話をスムーズに進めるという効果があります。いうまでもなく、真の目的は意見の一致です。不満や文句の遣り取りは、集団の連帯感やファンの同族意識を強めるというのが本質です。

こうした不満や嘆きに加わっている人たちが聞きたくないと思っているのは、幻滅を無くす現実的な解決法にあることが分かりました。あるとき、「ダービーの雰囲気がなくなっちまった」の嘆き節を語っているグループに出会ったのです。この手の話はそれ以前に何度も聞いていましたし、いささかウンザリしていました。それなら、どうしたらよいのか答えを聞こうと、チョッと実験してみようと訊いてみたのです。ダービーが失ったという雰囲気がいまもあるのはどこですかと。一同、口を揃えて「チェルトナム！」と（それは「チェルトナム・ナショナル・ハント・フェスティバル」を約めていうときの通り言葉です）。さらに、どうしてチェルトナムはそういういい雰囲気があるんでしょうかと訊くと。これまた衆議一致して「アイルランド人」と。それならダービー問題の解決は、アイルランドの観客や調教師をたくさん呼び込めばいい。特別割引や団体を募ったりしてねと提案してみました。これは冗談と却下されましたが、「ワッハッハ。ケイト、そりゃいい。アイランド人で満杯のバスな。にわか作りの雰囲気だ。面白いぞ、そうだなあ……」。ダービー問題へのわたしの提案は、いささか不可能のようでした。嘆き節を語っている他のところでも、自分なりの答えを繰り返し実験してみましたが、結果はおなじでした。ようするに皆々、不満や不平、繰り言そのものを楽しんでいるのです。

「あの人、自分がどう見られているのか考えてるのかしら」。これは開催のたびに聞こえてくる女性たちの決まり文句です。他の女性たちのファッションについて、とめどなく続く同性同士の会話です。おおむね批判的ではありますが、ときには褒めることもあります。重要なのは、話をしている同士で互いの好みや態度、考え方を共有しているという心持なのです。お互いに褒め合ったり、社交辞令を交わし合うという、相も変らぬ女性同士の遣り取りは、競馬ファンの連帯を強める不満仕来りとまったくおなじ役割を果たしているわけです。

「あの人、自分がどう見られてるか考えたことあるのかしら」は、女性ファンの普遍的な遣り取りのようです。しかし、驚いたことに、パドックで障害馬の馬主たちも、表面的には馬を見ていながら、じつは女性たちの服装について評価しているのでした。ニューベリーでのこと、役員にパドックに連れて行ってくれるように頼み、担当獣医にも同行を願って入って行くと、三人の女性馬主が真面目な会話をしているのが目に留まりました。近づいて行って、それとなく立ち聞き。レース前に聞き慣れたことを期待していました。「そう、チェプストウではいい走りをしたのよ。でも、今日は雨が降ってほしいわ」。一〇分ほどすると、「あの赤い服、いいわねえ。でも、わたし、真珠については詳しくないのよ」

それから、「あの帽子に黒い服は合わないわねえ。あなたの方がはるかに良いわよ」

「あの肩つきからしたら、八〇代ね」

「向こうのブーツ、素敵じゃない?」

「そうねえ、わたしもあれくらいの脚をしてたらねえ」

「あの人、自分がどう見られてるか分からないのね」

もっと聞いていたかったのですが、こちらの真意も知らずについてきた獣医は、職務の話をし始めました。サークル内の人間（獣医）を外来者（わたし）とのあいだで、どう対応するかいささか齟齬がありましたが、内部の人間の勝ちでした。女性たちの遣り取りをもっと見ていたい気持ちより、内部関係者の善意の方が大切だと自分自身よく理解したのです。それよりも、騎手が現われて、女性馬主たちのお喋りは止まざるをえなかったのです。

女性ファンが「あの人、自分がどう見られているのか分かってるのか」式の遣り取りに熱中する一方で、男たちもそれとおなじようなことをしています。つまり、行き交う女性たちの容姿についてあれこれ品定めしているのです。男同士の絆を深めるのは「女性観察」が普遍的なのです。たんに競馬場やサークルの人間にのみ見られるものではありません。近くにいる女性について、あらまほしの品定めをすることで、お互いの男性性や異性の好みを確かめ合っているのです。女性観察の会話でよく聞かれるのは、「あんなのがいいのか?」、「でっかいオッパイだなあ」、「もちろんだ」があります。前者は、二人の女性を見ていて、やや魅力に欠ける方を指していっています。後者は、いうまでもなく、女性の胸を見ていて、かなり豊かな様子を表する言い方です。この発言には、重いものを手にしたときに男同士には了解済みのジェスチャーがつきものです。最後の「もちろんだ」は、同意の一般的な表明ですが、話者が件の女性に性的関係をもちたいという意味も含まれています。

こういう女性観察の遣り取りは、パブやナイトクラブといった男同士の様子を調査してきたわたしには、慣れっこになっていました。そこで、かなり離れた所から、特徴的な身振りを観察するとともに、少し近づいて、基本的な表現を漏れ聞くことにしました。議論したり、おごり合ったりという、男同士でどこでも見られる習慣は、競馬ファンのあいだでもごく普通でした。議論とおごり合いは、いわばバランスを保つようにセットになっているのです。男同士というのは、互いにグラスをおごり合うことで、議論でやり合っていても、「友達」なのです（以前の調査で取材した女性のパブ常連はいっていました。「男の人たちって、お互い大声を出したり、悪口をいい合ったりしていても、酒をおごり合ったりしているうちは、手の付けられない喧嘩にはならないのよ」)。

一方、女性同士が親密度を深めようとすると——競馬場でもどこでも——もっとあからさまになるところがあります。つまり、ものの見方や経験を共にしていることを強調したり、お互いにはっきり褒め合う遣り取りをするのです。男たちがおごり合いするところを、女たちは言葉のやり合いをするのです。男同士はグラスを交換し合って関係を示すのにたいして、女同士は褒め合って友好を示すというわけです。

競馬場に遊山で来場する女性たちの交友関係は、昔から称賛合戦から始まります。この応酬は女性たちが集まっているところなら、どこでも見られます。まずは服装とかアクセサリーを褒めるところから入り、つぎは自己卑下がきます。たとえば、「まあ、あなたのお帽子、素敵ねえ。わたしも帽子で見栄え良くなりたいわあ。でも頭の形が好くないからなあ」。それにたいする返事はかならず自己批判的な否定で、褒め言葉のお返しが続きます。「いえ〜、そんな……この髪の毛がもしゃもしゃだから帽子被ってるのよ。あなたのような素晴らしい髪をしてたら、帽子なんて煩わしいもの被ったりしないわよ」。これにもまた自分を卑下する言葉と、褒め返しが続き、その応酬が繋がってゆくのです。

競馬場にやってくる女性たちの褒め合いが始まると、二〇分くらいは続きます。しっかり計りましたから分かります。もっとも長かったのは、二一分四六秒でした。けれど男女が混じっているなかでの女性たちの場合、遣り取りを短くするか、トイレに入って褒め合いを続けるのです。

◉祝いの遣り取り

レースの最終盤、勝ち馬がゴールを駆け抜けるや、的中者は手をたたいて小躍り。周りの人たちも加わって背中を叩いたり、拍手し抱き合って大騒ぎ。

ファンたちの様子を見ていれば、ゴールを見なくてもどの馬が勝ったのか分かります。静かに笑ったり、軽く手を叩いたりしていれば、人気馬が勝ったと分かりますし、それよりやや多い人たちが肩を叩き、声を挙げていれば、二番人気、三番人気の馬が勝ったのでしょう。そして、ごく少数ながら、とびきり大騒ぎする人たちがいれば、払い戻しの多い穴馬が勝ったということになります。

観客の身振りからレース結果を判断するというのはお座興のようなものではありますが、一日の時刻のような指標も考慮すべきでしょう。言葉のあるなしにかかわらず、一日の流れに従って、ファンの反応はますます過激になってゆきます。たとえば、第三レースや第四レースの反応に比べると第一レースの反応は、まことに静か、穏やかなものです。レース数が進んでゆくと、雰囲気もしだいに高まり、かつアルコール効果もあって、出走馬への声援も膨らみ、勝利の飛び跳ねもよりいっそう盛大になってゆきます。

レースの格もファンの反応に影響します。格が上がれば、それだけレース検討や議論も深まります。レース終盤になると、気の張りも興奮も最高潮に達します。レースの格付けは時刻要素を上回ります。三時三〇分の「メイン・レース」の結末にたいする阿鼻叫喚といったら、それから三〇分後にある四時のレースなど酒量も増し、酩酊具合も上がっているはずなのに、はるかに及びつかないほどです。

チェルトナムのフェスティバル週間には、さらにまた違った盛り上がりがあります。「アイルランド人」です。同行の連れを喜ばそうと、ファンたちの反応から勝ち馬を当てに、れいのお座興を試してみたのです。大きなフェスティバルですから、それに見合った大騒ぎがあるはずと思い、一団の歓呼の声を聞いたときは、穴馬が勝ったに違いないと確信したのです。連れには、あんな大盛り上がりは穴馬が勝ったときだけよと説明したものです。ところが見当違いでした。勝ったのは、たしかに人気薄ではありましたが、穴馬ではありませんでした。アイルランド馬だったのです。チェルトナム・フェスティバルでは、ふつうなら穴馬に向けられる大歓呼が、アイルランド馬に向けられることを知りました。しっかり恐れ入り、小技をひけらかすなどやめて観察に専念するようにしたしだい。

こうした「アイルランド効果」は競馬界の際立った特徴をあぶりだす証拠にもなっています。チェルトナムは昔から「イギリス対アイルランド」の場でした。「ホーム」と「アウェイ」の国家的威信をかけた競い合いが、どのレースでも展開されたものです。ところが、全日程が終わって、アイルランド馬の勝利がないと、イギリス人たちは心配しだすのです。

「アイルランドが勝たないと、つまらねえなあ」と、イラつくのです。

「雰囲気を盛り上げるには、アイルランド馬の勝ちがねえとなあ」とよく耳にしました。

「アイルランド馬が勝てば、たちまち大声が沸き上がる。あいつらは盛り上がるのが大好きなのさ。いまがダメでもつぎにはチャンスをつかむ。あいつらのために幸運を祈ってやってくれ」と厩務員の一団が打ち明けてくれました。

わたしは言葉を失うほど驚きました。フットボールやクリケットで「アウェイ」のチームに得点が入らず、落ち込んでいるところを、ホームのファンが心配することなど、とても想像できません。みんなが盛り上がるために、相手チームに幸運が転がり込むよう望むなんてことが！ このようなことは、他と比べようもないでしょうが、どう考えてもイギリスの競馬ファンの真意は、健気としかいいようがありません。

アイルランド馬が勝って、取材しようとしていたイギリス人厩務員たちから一斉に歓声が上がり、その大音声で耳が塞がるほどでした。かれらの多くはイギリス馬の本命に賭けていて金を失ったのに、それにもかかわらず、待ちに待ったアイルランド馬が勝ったのを喜んだわけです。こういう、なんとも不合理な行動について、あとになってアイルランド人に話したのですが、この人は哀れんだように肩をすくめ、「うーん、それでも、あんたチェルトナムでまともな行動を期待してたわけじゃないんだろ?」と答えたものです。

◉事後の仕来り

歓声とは真逆の場合、関係者やファンはお馴染みの事後の仕来りにいそしむことになります。レースを振り返り、子細に分析、「敗死」の原因を探り、来るべき成功を確かなものにしようとするのです。サークルの人びとのあいだでは、ある馬がめったに負けないのは、脚が速いからではないと広く考えられています。負ける原因として思いつくのは、馬番が悪かった、ゲートのなかで暴れた、調教がまずかった、他馬に接触あるいは囲まれてしまった、馬場状態に合わなかった、坂路で脚色が落ちた、外に大きくふくらんだ、馬に過剰な要求をした、騎手が追いすぎた、経験不足、経験はあってもダラケたものだった、前馬との間隔を取るべきだった、外に持ち出すべきだった、追い出すのが遅かった、つぎはブリンカーを付けてみよう、つぎは一マイル以上で使ってみよう、つぎは良くなる、スタミナはたっぷりつけた、よく走った、と思えばよいと。

こうしたレース後の決まり文句の数々を何百と耳にするまでは、馬が負けた理由をあれこれ長々と並べていました（出走表の余白などにメモして）。ある人の本命が一六着になったのは、他に一五頭優れた馬がいたからだよと簡単にいってやるより、いろいろなことを知っていると思っていたのです。敗北の理由をサークルの人に一度だけ訊いたことがありました。そんなことを訊くのは、じつはタブーで、サークルのタブーを破る確実な「テスト」になると考えたからです。サークル内の人に取材するときは、慎重の上にも慎重を期して、穏やかに事を進めるようにしていますから、ふつうならそんな勇気はありません。

ただし、事後のタブーの場合は、やや図々しくしてもいいと思ったわけです。かくして、寛容な関係者を慎重に見つけ、純真無垢な様子を精一杯装って、訊いてみました。それぞれ皆さんの本命馬が二〇馬身も差を付けられて負けたのは他馬より劣っていたからではないですか、と。最終的には、わたしの無礼千万も許してもらえました。なにも知らない無垢な外来新参者と思われたからです。

●キャットウォーク*の仕来り

関係者や熱心なファンたちがレース後の仕来りに余念なくいそしんでいるあいだ、着飾り族は三〇分のインターバルを利して、パドックを往来し、美を競っています。だいたい二人組、三人組の女性たちが、この美誇示の仕来りをおこないます。腕を組み、お喋りしながら、心底では歓心を引こうとしながら、すぐに忘れてけっこうよというふりをしているのです。

この女性たちはけばけばしい流行のファッション（ベルサーチやモスキーノ、ドルチェ&ガッパーナというメンバー席ではよく見られるものの、一般席なら「ナイトクラブのような」装い）に身を包んで現れます。加えて、派手なメイクをし、ハイヒールにこれ見よがしのジュエリーで完璧に仕上げています。この美誇示行動は、前に挙げた、あちこち決まったところを巡り歩く仕来りと同じ行動なのです。つまり、大勢の人から驚きの目で見られる可能性を予期しているのです。

数年前のこと、夏の大きな開催にかならず顔を出すという、三人の美誇示グループからその理由を訊きました。結婚相手を漁っているのだというのです——しかし、驚いたことに、周りから白い目で見られていたにもかかわらず、三人とも当初の目的に成功していたのです。

ある一定ていどの開催では、こうしたお相手探しは来場者のあいだではよく見られる行動のようです。多くの競馬場が隠れた出会いの場になっているのは間違いなさそうです。たとえば、八月ヨークで開催される大きなフェスティバル（「エボラクム＝ヨークの古名」という）では、美誇示の女性たちが服装、振る舞い両面で、さらにいっそう派手さを増します。そして競馬に熱心な男性たちでも出走表や出走馬の研究より、こうした女性たちを注視したり、気軽に話しかけるのに時間を割いている

＊キャットウォーク＝ファッションショーなどで使われる舞台の客席に張り出した部分。

始末です。

◉ゴシップの仕来り

競馬サークルの会話、その主たる内容といえば、他の小さな世界と同様、ゴシップです。調教師や馬主、騎手、その他サークルの人びとがそれぞれ何百マイルと離れていようと、サークルは本質的に村なのです――小さな、密接した社会では、誰しも他の人間の生活に強い関心があるものです。

この競馬村への新参者は、当然ながら、ゴシップの標的になります。前にもお話ししたように、初めて行った開催で、鋭い目をしたメディアたちの餌食になりました。わたしのことを周りに訊いたり、詮索したりして、全国紙に何本もの記事に書かれたものです。一人の人類学者が、サークルの領分に闖入してきたと「恐ろし気な」書き方でした。初めて検量室という聖域に足を踏み入れると、たちまち競馬新聞のゴシップ欄に登場する羽目に。それ以来、会う人すべてデイヴィッド・ニコルソン師の「狐女」を読んでいましたが、ゴシップの連鎖から噂を聞いた人ばかりでした。そして、取材となって、自分の名前を出したり、調査をしているのだと口にした途端、取材もなにもあったものじゃなくなりました。「おお、キミか」と驚きの声を上げるのです。「デイヴィッド・ニコルソンが書いていたブロンドの女というのはキミのことか」。一見するといい関係ができそうに思えるのですが、こちらが調査しているサークル独特の習慣などという内容になると、会話も荷厄介なものに一変してしまうのです。

とはいえ、他の点では、サークルのゴシップ好きもいいところはあります。調査対象の人と信頼関係ができれば、調教師や騎手、馬主、各種委員などの裏話、噂などを訊くことができますし、それも有益な情報になりえるわけです。ときには微妙な行間を読み取らなければならないこともあります。メディアや騎手が調教師や馬主のことを話すときは抑え目になっているし、スティワードや各種委員たちは誰にたいしても務めて品よくなるところがあります。ですが、サークルの人はすべてお互い、細かいところに心底から強い関心があります。

ゴシップという言葉は、こんにち、あまり良い意味とは思われていませんが、ここでは中立的、というか客観的な意味で使っています。人間行動や人間関係、その心理といったことに関わる言葉としてです。その点で「社会科学」と大げさにいわれる学問も広義のゴシップの寄せ集めにすぎません。正統な社会科学者は、他人にたいする、ある種猥雑な好奇心を抱くのが当然だと、同僚のピーター・マーシュはいいます——どんな暮らしをしているのか、友人関係はどうか、なぜそのような行動をするのか等々、わたしもその通りだと思います。他人の家の明かりがついた窓のところを通って、覗き見る気にならなかったり、友人の結婚生活や会社の社内政治、職場の陰謀に好奇心が湧かなかったりしたら、社会科学者としては失格です。その逆もありえるか、つまり好奇心がない社会科学者はありえるかといえば、そんなことはありえません——村のゴシップあるいは職場の世話焼き、これはいずれもデズモンド・モリスになる可能性ありです——。周りの人間にたいする本能的な好奇心のない人は、人間研究に相応しくないということです。

わたしが調査対象にし、わけてももっとも有益だったのは、人ではなくゴシップでした。それ自体が社会科学的な「真の」意味をもっていました。つまり、ゴシップそのものが鋭い観察眼を具え、とりわけよくできたゴシップは観察したものを適切に解釈しているのです（たとえば、「パドックで女が男を見てるだろ？　あの二人、ありゃ喧嘩してるな……」）。そして、原因や理由の仮説も立てることができます（たとえば、「あれ、きっと、女はここで馬を走らせたくないっていってるのに、男の方は、友達が来てるので、良いところを見せようっていってきかないんだな」）。わたし自身、こういうゴシップ話はほんとうに楽しい。以前から関係する集団や状況について、あまり知りもしないくせにあれこれ妄想を巡らすのが好きでした。内なる観察者がいたとしたら、わたしの仕事は、調査対象に愚にもつかない関わりで事態を混乱させるのではなく、情報によく耳を傾け採り入れることだと厳しく注意してくるでしょう。とにかく、調査対象に深く関わることを楽しむのが大事だということなのです。

いささか悪戯心もあって、ニューマーケットで噂話を流すことにしました（ある有名な調教師の女性関係についての話で、そうすぐには潰しに来ないだろうと思った人でした）。そして、その噂が回りまわってわたしのところに戻ってくるか待ったのです。すると、その後のサンダウンで通りすがりの調教師に何げなく話しかけると、「おう、ごく最近耳にしたんだけどさ……」という反応が。口火に続いて、わたしが数ヵ月前に流しておいた噂話が出てきました。安っぽい仕掛けであることは判っています。サークルのゴシップ連鎖がうまく機能していることがはっきりしました。

◉仕事仲間内の会話

競馬サークル全体には、共通言語があったり、文化や仲間意識があったりと、緩やかではありますが、これはひとつの「部族、サークル」と表現してよいでしょう。そして、そのサークル内にもさまざまな下位集団があって、それぞれ独自の風土があります。たとえば、騎手や厩務員はともに「競馬」の一部ですが、それぞれ一個の社会的存在であり、独特の行動様式や共通言語、もちろん独自の会話習慣があります。

ほとんどの騎手や厩務員の頭にあるのは競馬のことです。更衣室や厩務員の食堂などで顔をあわせると、馬やレースの裏話で会話が盛り上がります——脱線して冗談や笑い話になることもしばしばです。その日や来週の出走馬、過去に乗ったことのある馬や担当した馬など、語りだしたら倦むことを知らないようです。

厩務員は自分の管理馬のことはよく分かっています。「自分の」馬はつねに最高、どんな批判からも守ろうとします。これはレース前お決まりの「わが馬こそ最高」習慣とおなじで、多様な言葉を尽くし、明るく議論し合う、どこの厩務員食堂でも見られる光景です。よくある開口一番、「二時三〇分のレースじゃ、オレの馬があんたのを軽く打ち負かすぜ」、これに「あはは、ボロックス、いますぐ走っていったら、オメエのは勝てねえな」と応じ、また「えー？　このあいだのヤーマスじゃ完璧な走りで勝ったぜ」「まあな、でも危なっかしい走りだったな」。とまあ、こういう遣り取りが続くのです。こうした会話では、厩務員は客観的で冷静な話にはなりません。「自分の」馬がどんなに鈍足で能力に欠けていても、つねに馬には誠実に振舞うのです。ある厩務長がいいました。「厩務員食堂の話を真に受けたら、どのレースでも、少なくとも五頭は勝っちまいます」

一方、騎手同士の私的な会話では、はるかに辛辣です。レースでの逐一についてとなると、パートナーである騎乗馬に礼儀を欠くこともあります。そういうレースを「振り返る遣り取り」は、調教師や馬主に聞こえない更衣室などで見られます。検量室のあたりをうろついて、何とか立ち聞きしようと更衣室のドアににじり寄ったこともあります。といっても、更衣室の聖域に入れたわけではなく、そのすぐ隣にある、暗くて小さな喫茶室。そこで騎手たちが話している断片を聞き取ることができました。それを、れいによって出走表の余白に書き留めたのです。

「クソ前脚を伸ばすように追い出したってわけよ。そしたら、ゴールまでもう間がねえって。クソいまいましいって」「ありゃ、最悪の出遅れだな、あの馬」。それはわたしの本命でもありました。それから「オレが先頭に取り付いてねえってボスが不満なわけよ。取り付くってよ！　いってやったよ！もっといい脚があったらなって」

◉企業接待の仕来り

競馬ファン全体の社会行動について調査報告するとともに、ある特定の来場者について付加的な研究をＢＨＢに提案しました。それは、スーツ組という「企業接待の利用者」です。そのタイトル、項目は「競馬における企業連携」です（「企業連携」という言葉は「企業間の社会的関係の確立、発展、維持」を意識して考えたわたしの造語です）。同僚たちは、どうせあちこちの競馬場で企業接待の専用席とか仮設テントに取材と称して入り込むんだろうから、その研究企画は、いってみれば「ケイトの押しかけ研究」だなどと揶揄していました。いささかムッとして、競馬場での企業接待について内部調査するには他に方法はないと反論したのです。ですが、「押しかけ」の言葉は効果ありで、BHBとの打ち合わせのときにも使ってしまいました。ギニー・レマリー（この人はリー・リチャードソンがトートに移ったあとの後任で、日々の運営に携わっていました）に電話したとき、「押しかけ調査をするにあたって、行程表を修正した方がよろしいでしょうか」と訊いたものです。

この押しかけ調査によって、競馬がいかに「企業活動フレンドリー」な文化であるか分かりました。これは、企業接待がスポーツ行事に取り入れられてこなかったからで、むしろ競馬のもつ社交の本質に不可欠な要素として企業接待が発展してきたのです。競馬は他のスポーツと違って、スポーツそのものに関心などなく、心底から社交目的で来場するかなり多くの観客を迎え入れる長い伝統があります。社交を理由としたファンは競馬の歴史と文化の一大要素なのです。

社交目的の来場者のなかで、企業関係の割合は比較的小さい。まず来場者の少なくとも三〇％は社交目的で、これがロイヤル・アスコットや夏のヨーク開催になると五〇％以上に跳ね上がります。薄暮開催や日曜日もおなじです。こうした社交目的のなかで企業背広組は三分の一しかいません。ほとんどは家族連れ、男女若者グループ、美誇示組やカップルです。社交目的で来場するファンがいたという古くからの歴史、つまり、競馬というイベントのサブカルチャーとして社交目的ファンを受け入れてきたことが、企業接待の場として導入しようという動きを容易にしたことは間違いありません。そして大事なことは、多くの他のスポーツでは経験した、それぞれのコアなファンから反発を引き起こさなかったところです。

ここで注目すべきは、あらゆる階級の観客を競馬が引きつけていること、さらに社交目的ファンとコアなファンとを分け隔てていないということに意味があるのです。「外出」を楽しむ家族連れやカップル、若者グループの出自はすべての階級に及んでいるし、一般席にもメンバー席、個人専用席にも、どこにも見られます。おそらく競馬は、熱心なレースファンではない、純粋に社交を楽しむためだけに来場するワーキングクラスの観客を受け入れる、唯一のスポーツなのかもしれません。

とりわけ週末の開催など、レースに興味もない家族行楽客で一杯になります。この人たちは企業接待客とまったくおなじ社交、団欒が主目的で、食べたり飲んだり、お喋り、哄笑、馬券にしても名前がいいからとか超有名な、たとえばフランキー・ディットーリがたまたま騎乗しているからといった理由で買うのです。Tシャツを着てホットドックを頬張る、レースに関心のない来場者の数は、スーツを着込み、コースのランチを楽しむ人たちとおなじなのです。

企業活動の一端として接待場を設ける動きを調査しようと、さまざまな調査報告や論文などを下調べしました。すると、こうした傾向は一九九〇年以降、対象をさらに絞り「特別仕様」の接待へと進化していることが分かりました――つまり、重要度の高い顧客をウィンブルドンテニスのような高級なイベントに招待するのではなく、少人数の顧客をそれぞれの関心に合わせて、たとえばクリケット好きならクリケットの試合に、フットボールファンにはフットボールの試合へという具合に進化したというわけです。取材した主催者は、競馬の場合はどうなのかというこちらの意図には賛同してくれたものの、口を揃えて、競馬は例外的だといいました。客には楽しんでもらえてるだろうが、いわば「初期設定な」イベントだと。招待客は同伴連れで招かれているが、残念ながら同伴者の方が競馬に興味があるかは別だというわけです。

企業接待という点で、競馬が普遍的な訴求力のある、あるいは「初期設定的な」位置づけにある、三つの理由を考えてみましょう。第一に、観るにはとっても易しい、まったくの初心者でも気後れすることなく楽しめる。第二に、レースに関心のない人でも参加できるように作られていること。レースはわずか数分で終わるし、レースのあいだ、三〇分間は社交を楽しむことができる。最後に、競馬場という社交にはうってつけの風土——解放感とエレガントなマナーがビジネスマン同士および取引相手との親密な関係を築き、発展させるには理想的な状況を生んでいること、この三点です。

こうした公的な風土のなかで、競馬の伝統は企業活動を円滑にする「装置」仕組みを提供しています。企業接待の集まりで、社交を有利に進められるところがあります。たとえば、広々とした空間は仮設テントを設置するにはもってこいですし、そこへのアクセスも容易、駐車スペースもたっぷり、食事を提供する設備も整っています。終われば撤収も支障なく進められると。それにレースとレースのあいだにある三〇分、これも主催側、ゲスト側双方に何をしたらよいか、話したらよいか戸惑うことがない時間ということになります。つまり、どの様式も競馬においては自由、義務化されていないということ（レースを観ることとさえも）、誰一人として強制されない、指示されないという感覚が得られるのです。

このような「装置」は、とりわけ背広組には重要なのです。他の来場者と違って、見知らぬ人たちとの接触こそが仕事だからです。たとえば、スーツの人たちは社交において出走表にことのほか重きを置きます。会話の口火を切るときの主役に加えて、一日を通して社交の道具、なくてはならない支えとしてたえず出走表に頼るわけです。企業側と招待客とのあいだで出走表の検討が標準的な「初期設定」なのです。会話が滞ったり、ウンザリするような間があくと、かならず出走表の出番となるのです。出走表が社交において価値ある存在であることにスーツ組はすぐに気がついたようです。俳優にとっての台本のように、あちこち持ち歩き、「プロンプター」が必要なら、すぐさま相談を持ち掛けるのです。

スーツ組のあいだで、社交道具として出走表の重要性は、さまざまなグループで使われる、その程度と頻度で多種多様であることが見て取れます。あるグループのメンバーがお互い初対面だったりすると、到着早々、まず出走表を手に取り、その後も一日中、まるで幼児の安心毛布のごとくつねに指で撫でられ、会話中ずっと開かれています。一方、メンバー同士がすでに知り合いだと、すぐに打ち解けるので、出走表の社交上の役割も間遠になります。長年の知己同士となれば、再会から二〇分ほどは出走表もテーブルに放っておかれ、お互いの健康や家族の消息、旅行の話、あれやこれやが一通り済んで、ようやく手にされます。社交道具としての出走表が使われる最少のケース、それは主催者もゲストもともに競馬産業に携わる場合です。会話は、サークルのゴシップや政治がらみ、内輪受けのジョークがもっぱらで、食事の最後まで続きます。そして、第一レース直前になってやっと、どの馬が勝つかの話になって出走表本来の役割に到達するのです。

ところで、レース前の勝ち馬予想とかレース後の反省検討といった、レース日にはお定まりの仕来りも企業接待では、ひとつの意味をなしています。そこに集まった者同士が接触するだけでなく、レース観戦を通じて、意思を共有する、たとえば、出走馬のさまざまな情報とか、助言、蘊蓄等々を交えて話をする。それにお互い同意したり、頷き合ったり、とにかくレースをめぐって一体感を共有するという意味があります。

このお定まりの仕来りを企業関係者も踏襲するというのは、いわば本能的とすらいえましょう。たとえば、第三レースのころになると、まったくの初心者でも、自分の狙った馬は重馬場をこなせるだろうかなどといいだすのです。初心者の話を、競馬をよく知る主催者はバカになどしたりしません。初心者がありえない予想を立て、当たったときの喜びを嘲笑ったりもしません。また、客の予想が外れても、主催者はレース後、メンツを潰さないように上手い説明や慰めをつねに心がけています。

◉企業接待の祝勝法

祝勝の象徴であるシャンパンは競馬の世界でも「国民的飲料」です。そもそも競馬という文化において祝勝という儀礼は重要な位置づけですが、これは企業接待の場でもおなじです。みなで勝ちを祝う、それは明るいムードを生み出しますし、自ずと調和と友愛を醸し出します。

競馬は、午後のひととき、少なくとも六回、精神衛生上、良好な機会をもたらします。他のスポーツにないことです。競馬というシステムには、祝勝が欠かせないのです。ある人の馬券が外れれば、他の人が勝つ。パーティーの少なくとも一人は、なんとか勝ちを拾うのです。ですから、勝ちを祝う大義名分はつねに存在するというわけです。有能な主催者は、つねにどのレースでも誰かが勝つように、上手にメンバーを調整し、まとめてゆきます。これによって、午後のひとつのパーティーがそのつど祝勝会になるよう、「六回のパーティー」に変身するわけです。

◉スーツ組の巡り歩き

前に述べた競馬場内の巡り歩きは、スーツ組の人たちにとっても、観戦に来たという特別な感覚を得る格好の行動になっています。

もちろん、巡り歩きは付加的な行動で、熱心なファンでも、レース毎に歩き回るとは限りません。多くの場合（けっしてすべての場合ではありません）、スーツ組が巡り歩くのは、ある特定のレース、その日の「メイン・レース」です。スーツ組にとって巡り歩きは、それ自体がひとつのイベント、ワクワクするような長征、冒険なのだと考えられます。ひとつの巡り歩きを全うするのは、昼食からティータイムまでにはさんだ象徴的な一呼吸をもたらしてくれるものなのです。

スーツを着た主催者企業の人たちも同伴者がいなかったりすると、巡り歩きに参加することが多いようです。競馬場の大きさとか施設の配置なども巡り歩きに重要な要素となります。小規模で施設がまとまっていたりすると、その機会も多くなります。ですが、もっとも影響するのは、主催者の人物です。賢い主催者だと社交を深めるのに、この巡り歩きを利用します。たとえば、客のなかでもキーになる二人を選んだり、長い昼食で酒量もだいぶ進んで、騒がしくなったら客を連れ出すわけです。とはいえ、こういう意図でフルサイズの巡り歩きをするわけでもありません。会話がダレてきたりすると、馬券売り場の方へ誘うとか、チョッと出てパドックの方に行ってみませんかなどと声をかけたりするのです。「つぎのレースはゴールポストのところで観てみましょう」など。とにかく、レース間の三〇分が、巡り歩きか何か行動を起こしたり、気晴らしになったり、有効に使われるわけです。

◉出走表を判読する仕来り

スーツ組は、開催日の定番となっている行動様式に加えて、独自のメニューを開発しました。出走表の解読です。競馬のことをよく知る人物——騎手とかメディア関係者、評論家、場合によっては主催側でとくに詳しい人間——が、小集まりを開き、出走表などのミニ・レクチャーをするわけです。出走表の「判読」をするのは、陽気な感じの人と決まっています。話は、馬や騎手への笑いを誘うコメントなどを織り交ぜながら進めます。主催者のなかには、このエンタメ企画を、たんなる説明会からさらに広げる人もいます。たとえば、競馬界で有名な調教師の物まねをしながら、お笑い芸のように仕立てるとか。ある主催者はわたしを呼んで、「競馬サークルのあれやこれや楽しんでもらう、どうぞ二〇分ばかり」参加してみてくださいと誘ってくれました。

かねがね社会人類学はお笑い芸とよく似ていると思っていたのですが、このイベントを見て、その通りだと感じました。少なくともわたしが関係する人類学では、話の入り口に「みなさん、人がいつもどうやって……するのか、気がついてますか」と切り出して、人付き合いをするとき、どう行動するか細かい描写へと続く、そういう流れはよく似ているのです（ところで、人間行動の一定のパターンを見抜く点で、ふつうの社会研究者より、よくできたお笑い芸の方がはるかに巧みであること、お気づきでしたか？）。

出走表判読会は（お笑い芸人ならぬ人類学者がいるかどうかは別として）かならず開かれるわけでもありません。ですが、以前からある出走表をめぐるさまざまな行動や会話に「付加価値」となる効果はありますし、社交にとってもつねに重要な要素となるものです。判読会があるところでは、ゲストは集まりのはじめでも、馬券検討するときも（「専門家の方はつぎのレース、何がお勧めなのかしら？」）、またレース後も（「そうね、あの馬はもっと追ってもよかったって、ジョンはいってたわ」）、こうして午後いっぱい、判読会のことを口にするのです。

判読会のMCが「内輪の」情報などを織り交ぜながら話すと、これは招待客には、何か特権的な意識を与えることになり、参加してよかったという思いを高めるわけです。これこれの馬は「水曜日に落ち着いてよく走りましたよ」とか「あの馬を馬房に入れるにはモンティ・ロバート（アメリカの有名な調教師）の馬衣が必要なんです」といった話題は、大多数のゲストにはまったく意味がないかもしれませんが、人目を忍ぶような声音で話されると、判読会を止めるわけにはいかないというものですね。

◉スポンサーのイベント

レースのスポンサーになっている企業の場合、地方の小さな開催のとるに足らないレースのスポンサーであっても、三つのイベントで社交目的から利益を得ることがあります。すなわち、ビューティー・ホースの審査、表彰式、祝賀会です。これらはいずれも、スポンサーとなっているレースの勝利を祝うパーティーで、勝利馬主、調教師、担当厩務員とともに特別室で開かれ、もちろんその企業関係者も参加します。

どの企業もレースのスポンサーになるメリットは、その宣伝効果にあると認識しています。ただ、効果のほどははっきりと計れるわけでもないですし、見落とされることもあります。でも、じっさいは、スポンサーになることに関連する「副作用」はかなりのものがあると考えられます。たとえば、主催企業と顧客との交歓を深めるのは、ビューティー・ホースの選考イベントです。パドックの、めったに入れないところに招じ入れられ、馬の品定めをするという、ゲストにはこたえられない特別な感覚です。もちろん、ゲストの面々は馬の刈り込み方やタテガミの装飾など、専門家ではありませんから、ドキドキし、主催者の顔を見ながら不安になります。こういうときこそまさに、主催者は尊敬と信頼を高める絶好の機会なのです。

わたしの観察したところ、どの馬がベストビューティー・ホースかゲストに「直接」指示する主催者はほとんどいませんでした。ゲストがどれにするか迷っているあいだはそれとなくアドバイスするといった感じでした。「五番の馬、タテガミの編み方が素敵ですねえ」とか「でも、二番もとても上品に見えます――葦毛に輝きをもたせるのはけっこう難しいんですよ。どうですか?」と語りかけます。

主催者＝ホストは、こういう、打ち解けていながら、敬意ある話しぶりで、二番か五番かどちらにしようか迷っているゲスト――大口取引のある社長令夫人のような――に、それとなくアドバイスするわけです。最終的な決定をゲストに委ねて、メンツを潰すようなことを避け、二つのどちらを選んでも自由なように誘導する、それは見事な外交的手腕です。また、あとで表彰式になったときも、厩務員にかけるお決まりの文句についても、ホストはアドバイスします。はたして、令夫人は葦毛の方を選び、式では馬の輝きを褒め、さらには主催者の有能ぶりを、影響力のあるご主人に吹聴していました。

小さな集まりの場合、出席しているすべてないしほとんどのゲストが、ビューティー・ホース選びのイベントに参加できます。ですが、招待客が多くなると、ホストは誰をこのイベントに参加してもらうか決めなくてはなりません。わたしが観察したところ、それぞれ異なるやり方で人選しているようでした。ＶＩＰのゲストとか、ゲストのなかの女性全員とか、結婚を発表したカップル、くじ引き、社内で年度表彰された部長、セールス月間賞を取った社員などに声がかけられることもありました。ときには、土壇場になって、「おおー、このなかで馬のことを何かご存知の方は、どなたか?」と叫ぶ例も。驚いたことに、地位を考えての人選の方が、他のゲストの反感や僻みを生むことは少ないようです。そもそもこうした集まりの招待は、慎重に運ばれており、招待された人たちはその過程を知らないのです。

さきにあげた葦毛馬の例は、わたしの観察したなかでもっとも印象的なベストビューティー・ホース選びでした。このイベントが参加者の親密度を増すのは当然です。イベントそのものはつねに笑い声と冗談に包まれ、それだけでなく軽く腕に触れて馬を指さしたり、肩を寄せて集合写真を撮ったりと、肉体的な接触をも伴うこともあります。さまざまな観察や経験をしていると、ささいな肉体的接触が、その後の行動や人間関係に劇的な効果をもたらしえることを示しました。このイベントの前後で参加者の振る舞いが表す意味を見ていると、明らかに打ち解けて、親密な人間関係の変化を示しているることが分かりました。イベントを経験したあとは、人と人の感覚が狭まり、目のコンタクトも増え、話をするときも「開放的な」姿勢、身振りを合わせるようになりました。

また、勝ち馬祝勝会も企業接待パーティーを盛り上げるイベントです。ゲストのなかには、有名調教師などと一緒になると、怖気づいたり、口ごもったりする人もいますが、競馬場の役員が近くにいて、「ホスト」のようにやってくれますし、上手に取り持ってくれます。それに、レースのビデオが常時流れていて、目はそちらの方に向いており、会話のネタにも事欠きません。スポンサーのパーティーや祝勝会があまり一般的ではないところでも、シャンパンを抜いたり、乾杯があったりということは、小さな集まりで聞かれます。馬主、調教師ともに、スポンサーがレースに付くことは大歓迎です。その雰囲気はそれぞれが交歓し合う場のひとつなのです。

祝勝会は、ビューティー・ホースのイベントとおなじように、肉体的接触も見られます。スポンサー側に勝利馬主や調教師が紹介される場面では、腕や肩に触ったり、互いに祝いの握手を繰り返したりします。こうした祝勝イベントに参加すると、ゲストたちのあいだに融和のムードが生まれますし、身振りや会話にも生き生きと明るい様子がはっきりしてきます。

スポンサー側の招待客は表彰式に直接関わることはありませんが、たいていはウィナーズ・サークルに行って、ホストが授賞するところに立ち会い、栄光を見守ります。ゲストたちは、スポンサー企業と個人的な関係のあることを周りに知らしめるように、こうしたイベントを企画してるのねと話していました(「ジュリーはトロフィーを落とすかもしれないっていってたわ……一トンもあるんですって、そういってた……」「まあ、見て。ピーターったら、カメラから顔を背けて、あの人、写真撮られるの嫌いなのよ」)。

ビューティー・ホース選びや祝勝会といったイベントは、それに招待されていない客とスポンサーのホストとの関係強化に、スポンサーになることの意味があると知って、はじめは驚きました。ですが、さらに観察を進めると、招待に与ること自体が「光栄な経験」と感じさせるところに一定の効果があるということでした。たしかに、スポンサーは競馬にとって重要な存在です。そして、招待客もその企業との関係でおなじような立場を得られるわけです。たとえば、ある招待客、この人はスポンサー企業のイベントいずれにも直接関われなかったのですが、こういってるのをそばで聞きました。「まあ、これウチのレースよ。行って、ウチのレース、観戦しなくちゃ」。わきには出てゆく気のない連れがいました。ゲストに招待企業がこの程度でも認知してもらえれば、御の字なのです。企業接待としては明らかに成功なのです。

スポンサーのさまざまなイベントを観察して分かったのは、人間関係の構築という点で、競馬のスポンサーになるのは、無数の「隠れた」効果がある。そして、宣伝効果だけが唯一の目的ではないということでした。社交や企業同士の関係強化の面からいえば、地方の小さな企業が、格下レースのスポンサーになるのも、ダービーのボーダフォンやグランド・ナショナルのマーテルもおなじだということです。

◉祖先顕彰のイベント

競馬サークルの信仰といえば、祖先顕彰と表現するのがもっとも相応しいでしょう。信仰の中心は「偉大さ」のコンセプトです。過去の偉大な競走馬や騎手の名前が日常会話のなかで、たえず登場します。そうした遺産は――銅像や絵画、フィギュア等さまざまな形で――サークル領内いたる所に顕われています。在りし日の様子は書物のなかで詳細に再現され、賞賛されます。観客席からパブ、レストラン、レース名などにそれらの名前が付けられます――「忘却に埋めぬように」

競馬サークルでの顕彰の仕来りは、場内にある顕彰馬の像に幸運の願掛けでタッチすることの他にも、会話のなかで伝説的な馬や人物の偉業がたえず語られ、現役の馬や騎手の評価も、それらと関連づけて話されたりするところに現れます。「偉大さ」の認定は、偶像化のひとつで、もっぱら死者にたいしてなされますが、ときには、超絶的な力を発揮したということで、現役の人や馬に与えられることもあります。

熱心なファンやメディアの間では、これこれの現役馬や騎手が偶像化に相応しいか、果てしない議論が続くことがあります。ただ、こうした議論は拡大しすぎて収拾がつかなくなることもあります。顕彰「候補」となる現役と伝説的先祖とにあまりに詳しい比較を繰り広げたり、いい加減な検証で神聖な「偉大さ」の概念を貶めるとか、誤用する修正論者を教条主義が手厳しく批判するといった事例も見られるのです。

◉調教師の仕来り

競走馬の調教師は開催に行っても、また調教の本拠地にいても、ひじょうに厳格な日常習慣を実践しています。開催時における調教師の巡り歩きの習慣についてはすでに述べました。ですが、自宅の私生活についても競馬場でのそれとおなじように規則化されています。

調教師の毎日は秩序だったパターンを踏襲しています。一週間のうち何日かは「労働」日に充てられます。つまり、管理馬をしっかりギャロップで走らせ、それ以外の数日は道路や走路を常歩かトロットで歩かせるという具合です。どの調教師のところでも、毎日、「朝の調教」と「夕刻の調教」とが規則正しくおこなわれます。調教師は自分の厩舎を巡回し、それぞれの馬房で管理馬のチェックを怠りません。

馬房では、まず少し離れた所から馬の全体を見ます——毛色の状態、筋肉の張り、目の輝き等——。つぎに近づいて、四肢を触り、熱や腫れがないか確かめ、また、口内炎や小さな傷など、注意しておく箇所を調べます。この間、担当の厩務員が立ち会い、馬の状態や動き、また、飼葉や糞の様子など気がかりなところの有無を調教師に報告します。

優れた調教師は見ただけで「元気がない」ことはすぐに分かります。取材した多くの馬主は、こういう能力こそが調教師のもつ、ある種のマジック・パワーと信じていました。けれど、わたし自身、以前、馬主だったこともあり、こういうことは馬の状態や行動のかすかな兆候や微妙な変化に気づくかどうかの問題だと思います——毛艶が落ちているとか、ふつうに観察していれば分かるチョットした変化など、わたしの馬は競走馬ではありませんでしたが、そういう兆候はおなじです。馬のことをよく知っていれば、微細な変化もすぐに気がつきます。こういうのは、超能力、「第六感」のように見えます。とくに馬主にはそのように見えるかもしれませんが、持ち馬をレースやたまの日曜日に訪ねて見るしかしない馬主ならなおさらです。ところが、毎日、接している調教師にはごくありきたりのことなのです。もちろん、調教師のなかには、他より優れた「眼」のある人もいますが、これは誰もが訓練すれば身につけることができます。マジックでも神秘的な能力でも何でもありません。

こんにちでは、調教師は管理馬の状態を見る「肉眼」の裏づけに血液検査を使います。なかにはこれを定期的におこなうことが調教プロセスに不可欠なものと考えている調教師もいます。「朝の厩舎」は、医者が注射器とカルテ、試験管を手に回診するかのようです。

ギャロップに出て行く馬たちの「働く」流れは、調教師の一日とおなじく、完璧にパターン化されています。まずは一連の手入れ。つぎに厩務員が装鞍をします。「第一組」の馬たちが馬房から引き出され、円を描いて引き回し。調教師が指示を出すと、厩務員や調教助手が騎乗し、出発するよう調教師が合図するまで輪乗りを続けます。そして、一隊になって中庭から出てゆきます。ギャロップ・コースに着くと、馬たちは改めて円くなり、スタート合図が出るまで輪乗りを繰り返します。そうするうち、あらかじめ調教師から指示された組ごとに次つぎとギャロップに出てゆきます。コースの反対側に着くと、また輪乗り。調教師は馬の体調をチェック。呼吸音を子細に聴いて、平常に戻るまでどれくらいかかるか測ります。こうしたプロセスをもうワンセットやり、つぎの「第二組」が繰り返すわけです。

この基本パターンに、いろいろ付け加えがなされます。たとえば、障害馬はこれに障害物や柵の飛越が加わりますし、馬のなかにはさらに長い距離を「労働」させられるものがいたり、少し間隔をおいてギャロップを再度おこなうものもいます。小さな厩舎では、「第二組」はないでしょうし、全体のプロセスももっと緩く、統制などとらないところも。ですが、それでも馬房からの引き出し、騎乗、輪乗り、常歩、ギャロップ、輪乗り、ギャロップ、輪乗り、の一連はどこでも普遍的におこないます。

現役競走馬の生活は、その大半を度重なる輪乗りで過ごし、その中心にはつねに調教師がいるのです。

この輪乗りには、ちゃんとした理由があります。こうすることで馬の筋肉が硬くならないように

し、体温を保ち、落ち着かせる。また、そこらじゅうを自由に歩き回らせないように管理すると。自由にしたら混乱して、かえって馬は何をしたらよいのか不安になります。それが「マジカルな」要素でもあります。かつて興奮しやすく、手のかかる馬を持ち、乗っていたことがあるので分かるのですが、輪乗りを持続的にやると、ある種の催眠効果があって、落ち着くのです。催眠術をかけるようなこの仕掛けを使って、御しやすくしてから、馬術競技に臨んだものです。訓練のときなど待たされたりすると、決まってこの方法で落ち着かせるようにしました。もとより神経質なサラブレッドを、それも何頭も行儀よくギャロップに向かわせる、調教師はどうやっているのだろうか——とお思いでしたら、以上が答えです。

輪乗りは、もちろん厳密には「マジック」でも何でもありません。ですが、催眠術のようなものとはいえるでしょう。競馬の呪術師がもつ超自然的な力を信じたがる馬主なども、これなら理解できるでしょう。調教師が信仰心——馬主やメディア、サークルの多くの人びとに催眠術をかけるように——を操るその方法は、いまなおいささか曖昧で神秘的なのです。

第11章　エチケット

複雑な暗黙の法が競馬サークルのさまざまな行動を支配しています。それらの行動規範は共通の価値観や信念に基づいていています。そこに暮らす人びとは、いちいち規範を意識したり、また強制されているという感覚もなしに、本能的にそれに従います。それは朝になって、職場にパジャマで行かないなどという暗黙の了解を、そのたびに思い出さずに服を着るのとおなじです。

◉放埒と規範

競馬サークルの行動を制する法や価値観は、人類学者が「文化的放免」と呼ぶものと厳しい行動規則とを合わせたものといえます。「文化的放免」とは、通常の抑制や制御を一時的に緩めたりすることで、これは相互に了解されているものです。「正当な逸脱」とか「休息行動」ともいわれます。これらは、「ざっくばらん」とか「うっぷん晴らし」とか日常にいう様子を学問的にシャレた言い方をしているように聞こえるでしょうが、違います。「文化的放免」は抑制がまったくない、乱暴な振る舞い、したい放題の行動を指してはいません。まことにうるさいお祭り騒ぎでさえ、行動規範はあります。ただ、祭りというのは、日ごろの常識を完璧に反転するものではありますが。多くの祭りやフェスでは、平生なら禁じられている行動――噴水に飛び込むとか、泥酔するとか等々――がむしろ求められるものです。これは「祝祭転倒」といわれます。

競馬場をカバーするのは、パーティーや祝賀会、フェスなどとおなじ「お祭りの法」です。通常、お堅いイギリス文化では、眉をひそめるような派手な服装とか大酒飲み、ギャンブル、他人にむやみに話しかける、抑制のない行動が許され、かつ勧められるのです。とはいいつつ、それと同時にまた、競馬ファンは、抑制と規則にも従うのです。その拘束のなかには、日ごろの人づきあいのなかで慣れ親しんでいる規則よりはるかに大きな強制を伴うものもあります。サークル内の暗黙の法は、イギリス文化の主流が求めるよりさらに高い基準の礼儀やしかるべき真っ当な行為を要求するのです。

こういう解放、許容と制御とのバランスは、競馬の世界独特の風土に現れます。緩やかな抑制と端正なマナーとの特徴ある混合は、最初に訪れて以来ずっと感動していました。ある意味、競馬サークルの調査、研究は、こういう独特な風土を把握しようとするところにありました――その基底にある心性や大衆行動の「基本則」を見つけ、学問的に分析したいという意識です。

かくして、サークルの人びとを観察していてその端正な振る舞いが、放埓と規範のバランスを含んでいることが分かりました。ただし、こうした観察はまことに漠然としていて、あまり役には立ちません。とにかく競馬の風土を形成する放埓の分子と規範の原子と、その形成と総量を捉えなければなりません。どのような、そしてどの程度の放縦が許されるのか、また、どの規範がそれと釣り合う抑制を促すのか、これらをしっかりと見つけ出さなくてはならない。

サークルの文化的心性を分析することで、一般的な大衆行動の基本、とりわけあるべき理想的な行動規範につながるかどうか、それがたえず頭のなかにありました。やってみる価値があることはいうまでもありません。ようするに、学者というものは、破壊や暴力といった反社会的行動につながる要素やプロセスをいかに図表化するか、たとえ小さく簡単なものでも、捉えてみたいとつねに考えているのです。人びとの笑顔や友好の元となるものを正確に、かつ学問的に把握できると考えているわけです。

ところが、わたしが求める基本原則のようなものが一般論として証明するのは難しいと、ほどなく分かってきました。つまり、競馬に関して「正しき行動につながる要素」を網羅しようと意図したのですが、そこには酒と賭事が絡んでいたからです。

酒という要素は、とりわけ重要と思われます。飲酒は人間の求める二つの普遍的で、基本的なものを満たすからです。ひとつは意識の状態を変えたいという欲求です（この欲望の普遍性をお疑いでしたら、どの社会も精神／気分の転換のために何らかの装置を用いること、これを留意しておいてください）。もうひとつは、親交への欲求です。どの飲酒文化においても、酒は社交の潤滑剤となっていますが、とりわけ、お堅いイギリス人にとっては、人と親しく交わるために、まず酒による気分の転換が必要なのです。

たとえば、象でさえ、一頭で酔ったりしません。ザワザワと集まってきて、発酵した果実を頬張り、そこらをフラフラしながら歩き回り、耳をせわしなくパタパタさせます。われわれ人間は口をパクパクさせますが、まったくおなじです。飲酒は典型的な社交行為です。酒のあるすべての社会（飲酒のない希少な社会では、それに代わる気分転換の仕掛けがあります）では、独酌は眉をひそめる行為です。ですから、飲酒行為にまつわる暗黙のルールは、人と交わりながらの飲酒を想定しています。

酒は、社交の潤滑剤という機能に加えて、競馬文化では重要な要素となっています。というのも、酒の親和的効果が開催の文化的気分を映し出す「鏡」になっているからです。酒が気分の変化を導き出すように、競馬開催の祝祭世界が日常とは異なる世界を演出する。つまり、現世の規則や拘束からの逃避を生み出すというわけです。飲酒と競馬のあいだに親和性があるのは明らかです。競馬は酒が社交を推進する、そのような類の環境を提供しているのです。

賭事についていえば、リスクの意識を共有するというかたちで、参加者に連帯感をもたらします。生命のリスクを共有することが、いかに強い連帯意識を生むか、また騎手のなかにティーム意識を育むか、すでにこれまでの章で議論しました。このことは三時三〇分のレースに数ポンド賭けるという、いわばリスク（危険）を負うファンたちにも当てはまります。競馬ファンというのは、わざわざリスクを取る、それも皆々こぞって集まってくるような人たちなのです。馬がゴールに近づけば、脳内にはアドレナリンが噴出し、偶然性と不確実のスリルに酔える人たちといえるでしょう。また、ファンには、「オレたちとアイツら」という要素もあります。つまりブックメーカーとの戦いに結束して臨んでいるのです――「暗黒勢力」に肩を組んで戦っている――。これにより、団結力が一層高まるわけです。

リスクを取るという要素は、善良な行為を推進するうえで、重要な働きをしています。それはリスクを共有するという連帯感だけでなく、馬に賭けることが、そもそもリスクにたいする人間の根深い欲求を満足させるからです。危険にたいして「闘争」する太古からの対応が、人間の脳細胞に万古不易に組み込まれているのです。われわれはリスクから逃れられるようには創られていないのです。リスクがなければ不快に感じ、むしろリスクを取る行動が本能的に増えるようにしています。

たとえば、いくつかの実験によると、自動車をより安全にしたら（あのシートベルトの発明など）、よりスピードを上げ、より危険な運転をするようになりました。クルマや道路が安全になればなるほど、ドライバーはよりリスクを取るようになるのです。心理学ではこれを「リスク・ホメオスタシス（リスク動的平衡）」と呼んでいます。ある一定のリスクがあり、リスクのレベルを保つように自分の行動を自動的に調整するというのです。この原理はスポーツに当てはまると思われますし、フットボールの群衆に比べて競馬ファンの方がおこない正しい理由でもありましょう。フットボールのファンが攻撃的な対決姿勢をとることで、リスクや危険を自ら作り出す一方で、競馬ファンは、リスクを取る欲求を馬に賭けることで満たしているということです。

◉謙虚の法則

競馬ファンのエチケット行動に見られる、暗黙の規則のひとつ、それは謙虚さです。たとえば、どんなに勝ち馬予想に長けていても、それを口に出すことはありません。どのファンが見ていても分かる暗黙の行動規範から、この謙虚な態度は出て来るのです。また、勝ち馬を当てられない自分を笑いものにするジョークもよく見られます。そういうところは競馬人ならみな褒めます。ワイドスクリーンに、ある馬のオッズが出ました。だれもそれにお金を投じようなどと思わない数字です。これを見たある人が黙っていられずいいました。「おお、見て。あのオッズ、オレが買ってやったからな」

社交目的の来場者には度過ぎた謙虚さがよく見られます。熟練のファンでも、自分が当てたことを自慢する人はほとんどいません。熱心なファンのあいだでは、謎めいた雰囲気——たとえば、裏情報をつかんでいるとさりげなく示したり——を醸すくらいは認められています。しかし、それでも自慢げに話すのはご法度です。

謙虚の法則はファンだけに留まるものではなく、騎手や調教師、メディア、役員などサークルのすべてでも含みます。騎手は大きなレースに勝って、メディアやテレビのインタビューを受けると、馬や調教師、厩務員スタッフなど自分以外の人たちのおかげと、きまっていいます。熱々のポテトを手渡していくように感謝の名前が続々と繰り返されていくのです。騎手の巧みな技や戦術、勇気を見せられたあとでも、出てくるのは「ボクはカジ取りしただけですから」という謙遜の言葉です。「今日はラッキーでした。コース状態もわれわれには絶好でしたし」と語るのは、馬の飼養や訓練にあたった調教師です。難しい馬をしかるべき瞬間に合わせ、良好な状態のピークにもってくるよう細心の仕事を、調教師はしたわけです。競馬サークルの規範や価値観において、謙虚さはとりわけ称賛されるべき位置づけにあります。とくに騎手や調教師にとって、少しでも慢心や自惚《うぬぼ》れの兆候でも見えたら、それは凶兆だという迷信があるのです。

◉集団的健忘症の法則

記憶に関するサークルの法則も広く観察されます。暗黙の了解によれば、「レース後においては、出走馬の能力、可能性について、レース前になされた、予想、誤認、コメントなどはことごとく巧みに忘れるべし」と。パドックでいずれ勝つことになる馬の状態や歩様などについて、貶したり、低評価をしたことなどは黙って目をつぶる。ビリになった馬へのレース前の高評価など、誰も憶えていません。テレビで評論家が「注目の一頭」とした馬が勝ちでもすれば、周りの仲間は褒め称えますが、その逆であっても、誰も何もいいません。

競馬サークルには、予想が外れても、それは責められることはない、という暗黙の了解があります。ただ、勝ち馬を言い当てたりすると、さすが専門家だ、千里眼があると持ち上げられ、背中を叩かれたり、酒をおごられたりします。こうしたいわば集団的健忘症は、他の不合理な心性とおなじように、仲間との友好関係を維持するには必須といえるでしょう。これがないと非難の応酬や敵意が巻き起こること必至です。これまで細心の注意を払って保たれてきた調和が崩れることになります。

◉騎士道の法則

競馬場のどの席にあっても、女性にたいする態度は、昔ながらの騎士道精神に溢れています。すべて女性は「淑女」であり、しかるべき礼節と尊敬の念で接しなければなりません。サークルの人びとには、この法則がしっかり刻み込まれています。女性への礼節ある対応について暗黙の了解は、教養のない新参者にも引き継がれているようです。ようするに礼節をもった騎士道的行動が自然にできない男たちは、不慣れな制度や礼儀といったものを自ら覚えてゆくのです。

競馬ファンは、騎士道の規範を弁《わきま》えていても女性と仲良くなりたい、格好よく求愛したいという思いを止められません。女性を口説く場合、飲み物や食べ物をおごってやるとか、パドックや馬券売り場に同道する、馬券を代わりに買ってやる、バーなどで席を確保する等々、さまざまな紳士的エスコートを申し出るかたちで進められます。過度に付きまとってはならないという暗黙の定めもあって、女性一人でも不快な思いをするおそれはありません。

出走表が会話の有効な道具だと述べましたが、どこの競馬場でも、女性を口説く行為はこれから始まります。男が女性の出走表を覗き込んだり、自分のと見比べたり。つぎのレースではどの馬にするのか、これは万能の問いかけです（「四時三〇分のレースにはどれにするんですか?」）、あるいは、前のレースでは取れたのか（「二時四五分のレース、これこれの馬にしたんですか? 今日の戦果はどんなもんですか?」）。男はすかさず前進。「今日はおひとりでいらしたんですか?」。しかし、女性の方が、言い寄って来るのを遮りたいと思えば、品よく断って、求愛者の魔手から逃れて立ち去ってゆきます。男性が、たとえ意に叶わずとも、この拒絶を受け入れるというのがサークルにおける外交儀礼の掟です。午後も黄昏近くなり、さまざまな潤滑剤も枯渇して来ると、規範もやや緩くなって、度を越した懇願や美辞麗句も認められるようになります。しかし、それでも、越えてはならぬ、見えない一線があります。つまり、強引すぎたり、迷惑になるようなことは、いついかなるときも控えなければなりません。

女性が競馬場で安心感を得る、はっきりした指標、それは服装選びです。夏、これ見よがしの女性たちは、赤線地帯で見たことのある女性たちとおなじ、肌を露出させた服装で場内を歩き回っています。体にピッタリの超短いミニスカート、襟ぐりが深くスケスケのトップスが共通項。とくに大きな開催だったり、メンバー席の高級人士が集まるところでよく見かけます。見せびらかしに来場する女性たちや、それを鑑賞する男たち、この両者を取材して分かったのは、どちらも、見たり見られたりは「ちょっとした楽しみ」と考えていて、真面目にはとらえていないということでした。派手な女性たちは、騎士道の規範があるため鑑賞している男たちがそれ以上のことはしないと分かっていますし、男たちの方も規範の示唆する限界を心得ているのです。

こうした騎士道精神の法則は、調査を始めた当初から「発見」していました。実際、最初の出走表の余白には「ここには騎士道のようなものがあるのだろうか？」とメモしています。わたしの観察力が鋭いといってるわけではなく、ひとりの野外調査員が感じた第一印象にすぎません。女性にたいしてどういう態度をとるのか、それを裏で支える原理は何か、それを見つけようとするのが、見知らぬ人びとを調査する優先項目で、かなり高い位置づけになっています。さまざまなエチケットのなかで女性に優しいという実証はわたしの関心の的なのです。

競馬サークルにおける騎士道の規範は、入場ゲートをくぐってきた男性がすべて、ジェイン・オースティンの小説に出てくる男性――じっとこちらを見てウィンクしたり、あれこれ仲間に感想を耳打ちしたり――に豹変するという意味ではありません。とはいえ、そうした規範があるため、ある程度の抑止効果はあるわけで、結果、その同じ男性が他のところでとる行動よりはるかにましな行動をするようになります。使われた言葉をサークル流の礼儀にしたがって言い換えざるをえないのです。これを難しい、厄介だと感じる人もいます。わたし自身、付き合ってくれ、結婚してくれと二人の男性から申し込まれました。二人とも一風変わった形で親愛の情を口にしようとしましたが、すぐには品のある表現が思いつきませんでした（おそらく、こんな風にして、結婚相手探しに来場するチャラチャラした女性たちはすぐにゴールに達したのでしょう）。ふつうの場面でも、男たちの眼はしっかり身体の別のところに止まっていながら、「お帽子が素敵ですね」などと言い募ったりするのです。

◉馬券のエチケット

競馬場でどの席を見ても、馬券を買うのは女性より男性の方が多いことが分かります。わたしの調査では、ほとんどの女性が賭けるのは一回に二ポンド（一般席及びメンバー席の女性ではまったく賭けない人もいますが、中間席の女性ではそれよりやや高額を投じる人もいます。ただ、二ポンドが標準です）。それとは対照的に、すべて男性は一レースに少なくとも五ポンドは賭けます。

賭事について暗黙の流儀からすると、二ポンドの投資は「女々しい賭け」、五ポンド以下は、男らしさに疑いをもたれるようです。一銭も賭けない、あるいは五ポンドも投じない、男性の流儀からするとそのいずれかしかないのです。面白いことに、まったくの初心者の男性もすぐにこの流儀に馴染むようです。初めて馬券を買った若者がいってました。「ガールフレンドに代わって二ポンド買ったんですが、自分のためにじゃなくて、ガールフレンドのために買うんですって説明しました——理由は分かりませんが、なんか決まりが悪い感じがして……」

そうしたなか、唯一「真っ当な」例外は、スーツ組の男性です。トートの窓口で男性が二ポンドの馬券を買っているところを見たら、企業招待で来場したと見て間違いありません。スーツ組男性はサークルの流儀をどれもすぐに取り入れますが、トートでばかり買いがちではあります。トートの女性係員も丁寧に対応しますから、女々しい買い方だと蔑むことはありません。そのため、スーツ組男性も、自分の格好悪さに気がつかないというわけです。もうひとつわたしの出会った例外。とりわけケチな男性がいて、こともあろうに、女性の連れに、自分の代わりに二ポンド買ってくれと頼んでいたのです。

五ポンド投資する男性がいる一方で、それを越えて賭けても褒められることはほとんどありません。多額の賭けをしても、それに見合うほど男ぶりが上がるわけではないのです。一〇ポンドくらいは立派なところでしょうか。場内で巨額を賭ける人もなかにはいますが、きわめて少数派です。統計を見ても、場内での平均はわずか二ポンド五〇ペンスです。これは、大多数の人たちが、きわめて少額を「楽しみのために」賭けをしていることを示しています。

しかし、他方では、そうした穏やかな姿とは別に、極端で異様な例も注目されます。少額で楽しんでいる人たちは、途方もない巨額を投じる変人の話を他人事として笑って聞いています。チャンネル4のテレビ中継では、つぎのレースに二〇〇〇ポンド、五〇〇〇ポンド、一〇〇〇〇ポンド賭ける人がいますなどと視聴者にコメントしたりします。最近、伝説的になっているJ・P・マクマナス*は馬主でもありますが、非公開ながら、信じられない額に上る賭けをしているといわれます。これまでにも、ひとレースに一〇万ポンド投じたことは知られています。とにかく天文学的な数字になっているだろうと、皆いつも想像しています。当人は訊かれてもウィンクして、額を明かしたりしませんが、「まあ、ビール一杯くらいさ」というだけ。それを聞いた人は、ビール数杯じゃなくて、ビール工場を買うくらいだろうと笑ったものです。マクマナスの例はお伽噺の一例です——賭け金を明かさないという話題は人びとのビックリする心理を刺激し、この人物の謎めいたところを強める効果が十分ありました。

テレビ解説者は、マクマリス伝説を使わずとも、目前のレースにかなりの額が投じられているという情報だけでも興奮を喚起するのは分かっていますし、見ている側もそうした異様な例を信じるかどうかにかかわらず、どこかの誰かは相当額を賭けているだろうと強い関心をもって観戦しています。

賭け金五〇〇ポンド以上という話題を全国放送で流すのは、たしかにニュースバリューはあるかもしれませんが、それはまったくもって稀有だというべきだし、高額の賭け金が投じられるのが一般的だと誤解を与えることになります――結果、競馬はギャンブルそのものだという間違った印象を流すことになります。とにかく、競馬サークルの調査中も、自分の目的はギャンブルでも、またギャンブル依存に関するものではなく、競馬の文化や習慣についてなのだと、何度も何度も説明しなければならず、心底ヘトヘトになってしまいました。賭け事は競馬文化の一部でしかありません。とはいえ、こういう遣り取りには慣れっこにはなりました。パブ文化の調査をしているころもおなじような厄介な目に会ったものです。皆さんすぐに、アルコール依存症のことを研究しているのだろうと決めつけるのです。

いまでも憶えているのは、ちょうど『パブにいる女性たち』という調査報告を出したときに、テレビの全国放送で取り上げられ、インタビューを受けたときのことです。レポーターが囁いてきました。「女性のアルコール中毒について話していただけるんでしょ？」と。赤ランプがついて、話し始めるまで一〇秒間、本当の研究目的をどう話すか考えました。レポーターの名誉のためにいえば、開口一番、アルコールのことを何とかいわないようにしてはいましたが、こちらのことを「パブにいる女

＊J・P・マクマナス＝J.P.McManus (1951-)、アイルランドの実業家で馬主。フットボール、マンチェスターユナイテッドの大株主でもある。

性たちが抱える問題に関して、調査報告を出した人類学者」と紹介していたのです。まあ、どなたもそうでしょうが、ふつうの人間行動を研究する人間が何を考えているのか捉えるのは難しいとレポーターも思ったので、そこには何か「問題」があるはずだとしたのでしょう。

そういうわけで、この本でも、ことさらギャンブルのことを「問題」として扱いたくないのです。多額の賭けに興ずる人たちは、全体から見れば例外的、ごくわずかな人たちです。そうした高額のギャンブルをする人たちを社会的あるいは心理学的な「問題」とするにしては、競馬に集う一般大衆のなかでは、あまりにも少数すぎるのです。研究者が取り扱うのが当然だろうと思われても、ただそれだけの理由でそこに立ち入るつもりはありません。

快楽を伴う人間活動というのは、ときに自制を失い、過度に淫してしまう少数の人びとを引きつけてしまいます。食事、飲酒、ギャンブル、セックス、買い物そして今ではインターネット、これらにはそれに伴う障害や機能不全の行動がつきものです。それが分かっていても、どこかで誰かがその常習者になってしまうのです、かくして、「自分は違う」と言い張るようになって、中毒改善の「リハビリ」が必要になり、さらに昼間のトーク番組に出て、思いのたけを吐露したり、挙句、同病に悩む人びとを集めて組織を作ったりするようになる。そして、かなり多くの研究者はジャーナリスティックな論文を書こうと、最近の「問題」をそこから引き出すべく躍起になる。わたしはといえば、問題にもされない大多数の人びと、ふつうに食べたり、飲んだり、賭けたり、買い物したり、はたまたインターネットをしたりしていて、テレビのトーク・ショウにも出ないし、『中毒症行動研究』誌などの統計数字にも載らない、ふつうの人たちについて自由にものを書いているというわけです。

ちなみに、トルストイは健全な家族はどれも似たり寄ったりだけれど、不幸な家族（こんにちなら「機能障害」と呼んでいる）は、それぞれ独特だから不幸なのだといいましたが、それは間違っています。つまり、その意味は、幸福な家族は複雑でも興味をそそられるようなものはないから、偉大な文学のテーマにならないということで、これは家族以外にもさまざまな社会事象にも広く当てはまります――たとえば、スポーツに蝟集《いしゅう》する人びととか、つまり、正常さに比べて規範逸脱とか機能障害とかの方が複雑で興味をそそられるという誤った考えが、小説家、社会研究者双方にあるのです。かれらに競馬場へ行ってごらんなさいといいたい。ごくふつうの、おとなしい、大多数のファンが示すギャンブル行動およびエチケットが、まことに複雑、とりわけ男女の違いや社交の在り方がきわめて独特、多様であることがすぐにお分かりになるはずです。

少数の熱心なファンを除いて、女性客が馬券を買うのは場内のブックメーカーではなく、トートの方が多いようです。男性がトートから買っても恥ずかしいことではありません（現状、事情通のギャンブラーはトートの方がいいオッズを出すことを知っていて、その数字しだいでトートを利用するといっていました）。ですが、マッチョ系を意識する男性は、あちこちのブックメーカーを調べてから馬券を買うのがふつうです。

スーツ組や社交目的のグループ来場者の場合は、賭けの「仲間意識」がとりわけ顕著です。ハラハラ、ドキドキを共有するところに現れています。つまり、馬に賭けるということで連帯感を醸成すると思われているわけです。まったくの他人でも、おなじ馬に賭けていることが分かると、たちまち親近感が湧くようです――その馬を「わたしたちの馬」などと言い合ったりして。これは、とりわけ女性たちの間でよく見られるようで、考えが一致したり共通するものがあったりすると、社交にとっても価値ある要素となります。

皮肉なことに、それぞれ違う馬に賭けた対抗する個人やグループ間にも、おなじような友好心があります。これは、男性によく見られるところで、おそらく男性は交友関係を深めていくなかでも競争するという本質があるからでしょう。異性間の対抗心も愉しみの源泉であり、社交の進行役を果たします。よく知られたジョークに、女性が思いつきで買うと当たるし、男が熟慮の末に買っても負けるというのがあります。

スーツ組の一団、それも皆初めて顔を合わせ、しかも競馬場に来たのも初めてという連中にも「お決まりジョーク」があるというのもおかしい。れいの「ビギナーズ・ラック」というやつです。競馬場という狭い風土ではよくいわれる笑い話です。この手の話題はよく知られています。男たちは連れの女性が、それこそほんの思いつき、理由も何もなしに買った馬が、熟考を重ねて投じた馬を何馬身も離してゴールを駆け抜けていったりすると、思わず嘲笑し、恥を忍ぶことになるわけです。

わたしが目撃したその極端な例には、同僚のピーター・マーシュと広告代理店のヘッドであるリズ・コイル＝キャンプが関係していました。ちなみに、リズは、わたしの書いた『競馬における企業接待』の広報を担当してくれた素敵な女性です。わたしたち三人がニューマーケットであった、ある大企業の接待パーティーに招かれたのです。リズにとっては、そもそも初めての競馬場経験でした。ピーターは午前中いっぱいをかけて『レーシング・ポスト』紙を首っ引きでレース研究に余念がなく、一方のリズはピーターの助けがなければ出走表の見方すら分からないありさま。いよいよどの馬にするかになって、ピーターが薦める馬を、馬主の名前が気に入らないからとやんわり拒否。そして、「えーと、これ、イーブリンて馬主なのね。男の人でしょ。女性の名前みたいで信じられないわ。この馬はダメ」

リズはいい名前の馬主を探して、さらに続けます。周りの男たちは、いろいろアドバイスしようとするのですが、これをことごとく無視します。一人の男性は「オレもこれまでヘンな馬に賭ける女たちを何人も見てきたけど、馬主の名前で決めるって？　バカバカしいぜ」と。

当然、リズの選んだ馬は勝ちました。出走表にどんなことが書かれていようとも、幸いにも選ばれた馬主の名前以外は何も役に立たなかったということです。リズはその後も午後中、とび抜けた思いつきにしたがって選択を続けました。そして、ほとんどのレースにことごとく勝利を収めたのです。男たちはといえば、合理的な推理に固執して、自然な成り行きとして、ことごとく敗北。自嘲の笑いを果てしなく続ける、またとない機会を得たのでした。ともあれ、皆一同、楽しいひとときを過ごしたというしだいです。とかく、ギャンブルというものを真面目に考えすぎるところのあるピーターも失笑せざるをえませんでした。ですが、リズの出来すぎには腹の底では不快この上なく、エチケット上、ひきつった愛想の良さを表すことに――さらに、第四レースのころには騎士道ぶりを奮い起こし、リズに「専門的な」アドバイスを求めるようになってしまいました。

わたしの出した『競馬における企業接待』報告では、配偶者同伴の企業接待で予想される一夫一婦の狭い考え方を防ぐためにも、ギャンブルをめぐる男女間の違いという発想を大いに使った方がいいと主催者に提言しています。つまり「男女間の諍い」のようなものを導入することで、男は男同士、女は女同士で社交を進める、その一方で、一組ずつで孤立するのを越えて複数のカップルが混じり合うようになると主張したのです。すでにいくつかのパーティーで、これが起こっていたことは見ていましたし、男組、女組が双方分かれているのがはっきりするにしたがってパーティー全体が生き生きと盛り上がっていったのです。そこで秘密の実験をしてみると、自然にそうならないところでは、かなりたやすく作為的に仕掛けられることが分かったのです。

女性たちが、連れの男性たちに比べて的中する割合が高い理由には、払戻金より、どれだけ見返りの満足があるかにかかっているようです。勝ち馬券をヒラヒラと掲げられるだけで、払い戻しがわずか六〇ペンスでもまったく気にならないのです。つまり、頭を使って二〇倍の馬を探すより、オッズが少額でも気に入った馬に賭けるだけで満足なのです。それと、女性たちは「複勝」（一着入線だけでなく二着、三着、場合によっては四着入線まで払い戻しがある）馬券を喜んで買っています。もちろん単勝のオッズに比べるとはるかに払い戻しは少額ですが。

競馬の暗黙の流儀では、「安全」という姿勢は男らしくないと考えられ、ふつう男はそういうスタンスはとりません。男性のなかには、一番人気の単勝に一ポンド賭けたり、用心深く「複勝」に投じたりするよりは、まったく見込みのない馬に一〇ポンド賭けて負ける方が好いという人もいます。女性たちには男らしさの誇りはありませんし、だからこそ勝つ機会が多くなるわけです。ある女性が話していました。「立ち上がって、勝ち馬券をヒラヒラさせ、〈勝ったわ〉て叫びたいの。七〇ペンスかそれくらい取れればいいの。とにかく、当たればそれが楽しいのよ」

依頼されないのに始めた企業接待の調査で、「複勝」の方が勝ち馬券をヒラヒラさせられると教えたところ、多くの女性たちから感謝されることになりました。複勝馬券というのは、どうせ無駄にしてもいい金があるなら、払い戻しを含めて、それくらいの価値はある。そういう理由なのに誰も分かってくれないといつも指摘しているのです。だから、それで取れた女性たちは、わたしの「意見」に感謝したのです。報告書のなかでは、パーティーの主催者にも、こういう単純な情報を女性たちに説明すれば、楽しみを増やしてやれるとアドバイスしているのです。わたしが話した男性ホストの多くは、わたしのアイディアに、どういうわけか抵抗を示しました。というのも、あまり男性的でない案内をしているのが知られたくないのです。女性ゲストには、男たちから軽蔑の的にならないようごく私的に話をすればいいとアドバイスすると、主催者も胸をなでおろします。また、つぎのように具体的な話を女性たちにしてやると、かえって男たちからも褒められますよとアドバイスしました。「トートの窓口で、フランキー・ディットーリを買っちゃいけません。女性方や初心者の皆さんはフランキーをお買いになりたければ、ブックメーカーの方においでください。念のため、トートでは、あまりパッとしないのをお買いになるとよろしいでしょう」と。ゲストたちにこの手の説明をするときは、声を低めてするといいでしょう。すると初心者の男性には、「訳知りの通ぶった」感じを与えますし、この人たちがその説明を、さらに思わせぶりな身振りを交えて他の客たちに繰り返します。

ところで、超人的な我慢強さと礼儀正しさ、その心温まるような例を目にしたかったら、トート・レディたちのそばに数時間でも立ち合ってみるとよろしいでしょう（たとえば、ロイヤル・アスコットとかグローリアス・グッドウッドとかの開催時など）。初心者が川の流れのようにやって来て、ごく単純な買い方について途方もない質問をしています。わたしも見ました。どの馬にしようとしていたのか思い出しながら、出走表を一生懸命探すのです。なかには友達を呼んできたりして（「どれだかわかるかい？ ピンクの勝負服のにしようっていってたと思ったんだけど。青のかな。ああ、いや違うな。他のページを見てるわ、バカだ。あれ？ どのレースだっけ？」）。しまいにはあきらめて去って行くしまつ。

どの馬にするか分かっている場合でも、大多数は五ポンド紙幣を出して基本的な間違いをします。

「五番のイーチ・ウェイ（単勝・複勝複合馬券）に五ポンド、お願いします」

「単勝と複勝それぞれに二ポンド五〇ずつでよろしいですか」と、トート・レディは丁寧に応じます。

「イーチ・ウェイで五ポンドといいますと、一〇ポンドになりますが。よろしいでしょうか。単勝に五ポンド、複勝に五ポンドということになりますが。それとも、二ポンド五〇をイーチ・ウェイでということでしょうか？ そう、そうですか、ありがとうございました」

ほんのわずかな観察でも、ひとりのトート・レディが二〇回もおなじ説明をしていました。四〇分後、五
優しい声で、腹が立っているのは間違いないのに、そんな気配はいっさい見せません。つねに

ポンドを握りしめ五ポンドのイーチ・ウェイを求めてきたのを見たときには欠伸《あくび》を堪えるのがやっとでした。まことに我慢強いという忍耐に満ちたトート・レディにぶつけてみました。「えー、まったくね」と笑いながら、「いちいち説明するのにウンザリすることも、チョッとはありますよ。でもね、それって、お客様が悪いんじゃございませんでしょ？　皆さん初めてお出でになって、専門家のようなことは望めませんでしょ。イライラしても仕方がありません。ちゃんと説明して差し上げれば、つぎにいらっしゃったときには、お分かりになってますわ」

その説明する態度は「素晴らしい」以外のなにものでもありません。五ポンドを握った初心者がメンツを失わないように細心の注意を払って、対応しているのです。「二ポンド五〇ということでいらっしゃいますか」といわれれば、「おー、そう、もちろん、イーチ・ウェイに二ポンド五〇っていったんだ」と自然に出てくるというもの。あたかも、何も知らなかったというのではなく、たんにボンヤリしていたという雰囲気にさせるような感じなのです。見ていると、男性の初心者は判で押したように、このような態度を取ります。つまり、やり方はすべて心得ていて、たまたま計算を間違えたというフリをするのです。女性たちのなかにも、メンツを保つよう気遣うトート・レディの対応に便乗する人もいますが、大多数は何も知らない様子を繕おうともしません。「あら、まあ、そうなの。うーん、えーと、それじゃ二ポンド五〇イーチ・ウェイにしようか。どうもね」。こんな風に気楽な客はいってきます。ほかにも、まごついてしまい、「うーむ、あー」と唸って、トート・レディに訊きます。「それじゃ、どうしらいいですかね？　二ポンド五〇か五ポンドか？　友達にイーチ・ウェイを買ってくれって頼まれてさ。彼女、イーチ・ウェイに五ポンドっていったのか分かんないんだ。どう思います？　どうしたらいいんだ」

この間、うしろにはイラついた客たちが長い列をなしています。トート・レディは、いくら賭けたらよいか自分たちにはいえないと、辛抱強く説明し、「お客様のお友達が五ポンドお渡しになって頼んだのでしたら、イーチ・ウェイに二ポンド五〇ということじゃございませんか？」と言い添えます。

「おー、その通り、もちろん。オレ、なんてバカなんだ。それじゃ、それにします。五ポンド持ってんだから、イーチ・ウェイに五ポンドね」

こういうバカバカしい客にトート・レディたちが笑顔溢れる対応しているところを二時間も観察して、ほとほと疲れ果て、意識蘇生に何か飲もうと近くのバーへよろよろと向かいました。その日、出走表の余白に書き込んだメモには、ここに書いた一字一句その通りを走り書きし、最後に一言、「トート・レディ＝聖人」

トート・レディについて、サークルの人たちはどう思っているのか、後日、訊いてみました。異口同音に褒める言葉しかありません。トートの列に立ち寄るときに聞こえてきたバカな質問、初心者らしい間違い、くだらない要求の数々をあげながら、じつに感心する対応だと。なかでも、見事に傑作なのは同僚のピーターが話してくれました。ピーターの前にいた女性が話していたと、「この前のレースで、この馬に二ポンド賭けていたら、どれくらい払戻しがありましたか？」友達に馬券を買うよう頼まれていたのに忘れたというわけです。その馬が勝ったので、この女性、ほとほと気が咎めて、その友人にしかるべき払戻し額を払おうということです。トート・レディは、ピーターによると、ごくふつうの問い合わせであるかのように対応したといいます。レース結果を調べ、その払戻しもチェックし、そして女性に、いくら友人に払ったらよいか、正確な額を答えたと。日ごろ、わたしが競馬サークルの礼儀正しさについて過大評価だとクサしていたピーターも、トート・レディの聖人ぶりには欠点を見つけられなかったというしだい。

◉馬主、調教師の礼儀

競走馬をめぐる「関係者」間の礼儀作法は、当然のことながら、一般のサークル人に比べれば、はるかに複雑で微妙なものです。

調教師は、馬主にたいして気を遣い、礼儀正しい対応をします。少なくとも管理馬がレースに関わりのあるあいだは、これがずっと続きます。しかし、そうした関係にも境界があることを示す暗黙の了解があります。それでも、しつこく付きまとったり、不当にいろいろ要求してくる馬主が、ときにその境界線を越えることがあります。そういう礼儀違反は、まこと品よく、イギリス的なやり方、すなわち一歩脇に寄って微細、慎重なハードル操作でほとんどあからさまな拒絶を表すことなく、やり過ごします。ところが、民話によく出てくるような、我慢ならない理不尽な馬主がいて、レース後、ウィナーズ・サークルに勝利馬と勝利騎手がいるのを目のまえにしながら、間違った騎手を乗せたといって調教師を詰《なじ》り続けるのです。これはもう調教師にとっては我慢の限界で、馬の手綱を馬主に渡し「分かりました。あの騎手はやめましょう。わたしも辞めます！」かくして馬主はひとり残され、馬の汗流しも、蹄の泥落としも、厩務員も、馬運車も、連れて行く厩舎も、すべて無しということになりました。

競馬場をめぐる話は、こうした寓話や警句に満ちています。というのも、こういう物語は、どれもひじょうに芝居じみていて、それゆえサークルに昔からある作法や価値観を伝承してゆく効果的な手段になっているからです。

◉レース後の流儀

負け馬の騎手たちは、ゴールに入ったときから、あるいは長距離ならそれより早くから、レース後にどういうコメントをするか心づもりを始めます。出走馬が脱鞍所に戻ってくると、負け馬の調教師は騎手の「こうすればよかった……」話《ばな》しを訊きに急ぎます。その前すでに心のなかで、馬主に向かって明るい言い訳を復唱しています。騎手が馬から下り、脱鞍しながら息を切らして喋る話は、あまりに汚い言葉なので、そのまま馬主に伝えるわけにはいかない。どの騎手も馬主にたいしては、馬の悪口など思いもよりません――それはレース後の礼儀でもっとも基本的なタブーを犯すことになります――。馬主の耳が届かないところでも多くの騎手は本能的には、気の利いた口をききます。しかし、なかには、調教師にだけは本心を打ち明ける騎手もいます（ふつうは、乗り上手な騎手なら、乗り間違っても咎められることはありません）。騎手の感想は、調教師から馬主に伝えられる前にすんなり受け入れられるというのがレース後の流儀です。たとえば、「単調なペースでした。いや、まったく、ユックリ過ぎるくらいで」から始まって、「そのままじっとして、あの子、ホントに辛抱強いわ――後ろの方からスピード上げるのが、あの子には合ってるみたいです」

ふつう、馬主にその所有馬が役立たずだなどという気は調教師にはありません。馬主のなかには、そういうアドバイスを喜ぶ人もいるかもしれませんが、それでも「役立たず」を良馬と取り換える余裕などはありません。たいていの馬主は、そういう判断を受け入れませんし、持ち馬が勝てない理由を調教師のせいにして、他の調教師のところに転厩させてしまいます。いずれにしろ、情け容赦のない正直さは空の馬房と預託料の損失という結末になりかねません。

とはいえ、調教師が不正直だといっているのではありません。心のなかは見かけ以上に複雑です。レース後にいつもある楽観的な見方には、損得勘定がありますが、それとは別の要素もたくさんあります。場合によっては楽観も正しいし、少なくとも、合理的ではあります。並の馬でも、適切に「出走計画が立てられて」いれば、ふつう一回や二回は勝ちます――たとえば、能力の低い出走馬ばかりのところに登録するとか、斤量の重い他馬に当てるとか――。良馬のなかには「晩成」で、いまは雌伏の期間を耐えているのもいますし。

あまり合理的でない、いわく言い難い要素もあります。多くの調教師は自身の能力に自信をもっています。見込みのない馬を成功に導いたり、敗北を認めたがらないとか、扱いの難しい馬を自分の判断に合わせようと我慢して使い続けたりと。ようするに、調教師というのは、部族社会の呪術師のように、一族の神秘的で非合理な思いから免れない長い伝統の重みを背負っているのです。調教師がみな等しく抱く思いは、馬が負けた原因をその馬の能力がなかったからというよりは、馬番やコース状態、ペース、距離、他馬との接触、不運および／ないしさまざまな外的要因によるものだとする考え方です。ただし、ある面で、調教師は自分が馬主を、そうした理由を並べて騙していることを「分かっています」し、より深いところでは、自分自身を騙しているのかもしれません。それは、負けの原因をそれらさまざまな理由に求める、いわば「集団的不実表現」とでもいえそうな事態なのです。

馬主のなかには、騙されやすい人たちもいます。皮肉なことに、聡明な馬主の方が無知な初心者より宥めすかしやすいのです。素朴な初心者馬主は所有馬に高い期待をかけ、それが外れると心底からガッカリしがちです。そういう人たちは、サラブレッドがきわめて繊細な生き物だと分かっていません。ほんの数ミリの雨や僅かなカーブが馬に影響し負けてしまうことが信じられないのです。

その一方で、賢明な馬主は競走馬の気質やアテにならない本性を知り抜いており、馬の脚や足、背中、脳の虚弱さもよく心得ています。こうした馬主はこれまでにも多くの挫折を経験してきました。不利な天候、「不当な」斤量、咳嗽、ウィルス、鼻鳴、捻挫、緊張、春時の気分変化など。調教師とおなじように、競走の失敗をこれらの不運にあると、やっきになって批判します。

こうした馬主と調教師のあいだでは、レース後の話し合いでも、「いわく言い難い合意」のようなものはあります。二人が再生映像を観ます。所有馬がほとんどビリ、速い他馬に負けてフィニッシュします。しかし、馬がゲートのなかで落ち着かなくなり、怖気づいたのでしょうと調教師が躊躇《ためら》いがちに話します。馬主はしきりに頷き、そのためスタートで一歩が踏み出せず、出足が付かなかったのだろうと応じます。これに意を得た調教師が、レース前半のペースがあまりにスローだった。で、先頭を狙おうとして大事なスタミナを使い果たしてしまったと解説します。誰でも、前半がスローペースであれば、スタートを失敗した馬でも追いつくことには苦労しないと考えるものですが、馬主はそのことは無視して、調教師の話を、むしろ補強するような、馬のかすかな頭の動きを指摘する。かくして、二人の哀れな馬が後半になって、他馬に追いつけなかったわけを、お互い納得し合うことになります。そして、ゴールにやっと辿り着いたときには、最後尾のまったく勝つ見込みのない、五〇倍オッズの馬に半馬身まで迫るのですが、そのときに示した弱々しい踏ん張り加速も、二人からは不屈の頑張りと褒められるしまつ。

この会話を漏れ聞いたわたしは、これを経験豊かで賢明な馬主たちに話しました。さぞや信じられない、嘲笑してしまう、軽蔑の反応があるかと思いました。さにあらず、彼らは同情する笑いを浮かべ、嘆息し、感に堪えたよく分かるという表情を返してきたのです。ひとりの馬主は「おや、まあ、そうね。恥ずかしながら、オレも同感だ。その手の遣り取りはしょっちゅうだよ。もちろんナンセンスではあるよ。でも、そのときは、いつも当然だという気がするんだな。人間はいつもいい方向ばかり考えようとするでしょ。もっとよく事実を知るべきだと思うよ。でもなあ、また騙されちゃうだろうなあ」と。

別のよく分かる馬主が打ち明けてくれた調教師の話です。持ち馬が最初のレースで負けたのは、馬場が柔らかすぎたため、二つ目のレースは硬すぎたから、三レース目はペースが遅すぎ、四回目は速すぎた等々。さらに数々の出走レースをあげ、益々、どうにも苦し紛れの、ちぐはぐな言い訳を重ねながら、調教師が説得してきたというわけです。そして、続けて話してくれました。「そりゃ、おかしな話だって分かってるよ。でも、そのたびに理由がね、的を射てる感じがするのよ。ウチの調教師はね、自分はつねに問題を正確に捉えて、解決法も分かっていると思ってるんだな。ボクもそう思うよ、もちろん、だからといって勝ったことはない。でも、みんな結果論、ていうか後知恵なのよ。とにかく、競馬には脳みそを腐らせるところがあると、ボクは思うよ」

◉スーツ組の流儀

競馬場での行動をめぐって無言の礼儀作法は、企業関係者同士が摩擦を避け、親善を深めるうえで、ひじょうに効果的といえます。とにかく、この種の人たちは、基本的な約束事を了解するのが早い。なにしろ、競馬場に来たら、その日一日、見知らぬ人たちと交流する義務を負っていると自覚しているわけで、これは一般の来場者と異なるところです。そうした自覚は他者と積極的に交わってゆくときには強い引き金になっていますし、結果として、さまざまな発信所作にたいして鋭い感受性をもたらします。社会心理学者が「行動の伝染」（他人の欠伸を見て自分も欠伸をするというような行動の伝播）と呼んでいるものです。皆さん、経験者の仕草、たいていは主催者ですが、その人をモデルに、その行動を本能的に真似るだけでなく、皆がついうっかり流儀に反することをしたときには眉を上げ下げして、誤りを正してやるだけでいいのです。

スーツ組には、れいの集団健忘症、つまりレース前にあれこれ評価したり予想を立てても、レース後にはあっさり消去してしまうサークル独特の流儀は関係ありません。面の皮の厚い人間でも、仲間思いの変節なら鋭い批判も許すくらいのことはすぐに分かります。

謙遜の流儀の方が、スーツ組にとって友好的な人間関係を作り維持するうえで大いに役立ちます。謙遜はとかく妬みや怒りを買う尊大な態度と対極にあるわけですから、これは、企業パーティーのなかで経験もあり、有能な人が初参加の人にたいして偉ぶったり、軽んじたりしないよう注意することになります。謙遜の流儀によれば、たとえ専門的知識があっても、きわめて控えめな物言いをする、自分を抑えた冗談やコメントをすることになるわけです。そうした流儀を、経験ある参加者は意識して振舞うようになります。初心者というのは、そうした態度をすぐに真似るようになりますし、そうすることで周りからも評価されるのが分かりますから、益々その傾向を強めていきます。勝ち馬を当てられない人にユーモアのある対応をすると、その人もすぐにも友人を見つけられるようになります。

れいのベストビューティー・ホース選定イベントは、謙遜流儀の優れた応用編になります。馬についての専門知識があっても、それを務めて控え目にいうのがベストビューティー・ホースイベントのポイントです。このイベントで謙遜流儀の実験をいろいろやってみました。たとえば、「あら?グルーミング*の専門家でいらっしゃいますか?」(これには激しい否定の反応)。さらに「それじゃ、馬の

---

*グルーミング＝馬や犬、猫などの毛を刈り揃えること。

ことはご存知なんでしょ?」(おなじように強い否定が返ってきます――馬術競技の優勝経験者でも、自分は競走馬の専門家でもないし、ベストビューティー・ホースの選定は難しいと、頭が混乱して叫びだしそうになる、と。この人にとってどの馬も、自分が扱ったことのある馬よりはるかに手入れが行き届いているのですから、当然です)。このイベントでは、他にもよく声が聞かれます。「あら、まあ、〈選定〉だなんて――針に糸を通すようなもんだわ」とか、「やだー、ダメ、わたし専門家じゃないもん――一度、ニューマーケットでやったことあるだけ……」というと「それじゃ、わたしより専門家だわ」と返されています。

◉仕事の話はタブー

スーツ組には、競馬場での「一般的な」約束事に加えて、独自の行動規範があります。ほとんどの企業パーティーでは、仕事の話はご法度になっています。はっきり口に出していうことはありませんが、招待客は一日、競馬を楽しむために来ているので、ビジネスの真面目な話が目的ではないと、皆、理解しています。客にセールストークをするなどもってのほかで、同僚同士の仕事話もときには眉をひそめられることになります。

企業パーティーの主催者のなかには、招待客をもてなしながら、仕事話はご法度だと、それとなく話す人もいます。それは客の方からそういう話を始めたり、「流れに乗って話し」たりする場合です。しかし、客の方が新製品やサービスなどについて聞きたいと拘っても主催者は、すぐに話題を変えるよう促します。

こうした、はっきりした抑え込みがあっても、ビジネスの拡大や維持という企業接待の本来の目的を妨げることはできないとホスト／ゲスト双方が口々に訴えます。むしろ、ビジネス・トークは控えるということが、客、同僚、納入業者等々に、それぞれ分野の役割を越えて、人間として互いによく知り合うという方向に向かわせているのです。かえって、より密接で情のこもった友好関係が促進されることになるわけで、結局はビジネスにとって良好なものに繋がってゆくことになります。

◉競馬人のもてなし

熱心な競馬ファンが企業パーティーなどに招待されて出席すると、独特な振る舞い方——競馬人のもてなし流儀と呼んでいます——をします。あたかも、主催者側の人間であるかのように行動するわけです。そうした人たちは、初心者の無邪気な言葉や質問にイラついて応じるなどというのとは真逆に、進んで面倒を見なくちゃいけないと感じているようなのです。企業パーティーのなかでも、全体に無言の了解があるようで、たとえば、初心者に馬券の買い方を教えてやったり、出走表の読み方を解説したりと。初心者が、自分の買った馬があと数メートル先にゴール・ポストがあったら勝ってたのになどといってるのに、その通りだねと応じてたりするのです。

こうした熱心なファンは、競馬人として「自分のシマ」にいると思っていて、もてなしを義務感と自らに課しているわけです。この役回りによって特異な立場に立ち、謙遜の流儀に関わりなく、特別な人間という感覚をもつようになります。まあ、例外もあるでしょうが、こうした人が招待客のなかにいると、ホストは競馬人らしいもてなしを期待して頼ることになります。

パーティーを催すさいに、「主催者と招待客の割合」、つまり、人数の配分を主催者側が決めるにあたって、とくに重要な項目となります。調査した代表的な例では、主催者一人に招待客三人という例から、四〇人の招待客に主催者側がたった二人という例までさまざまでした（ただし、後者の招待客たちは初めての人とも難なく親しくなれるパブ経営者たちでした）。

「理想的な」配分割合といったものはありません。主催者のなかには、主催企業のアテンドが多いのは不経済と感じているのがいる一方で、「助っ人」でやってくる社員にしてみると、ひじょうに楽しい出張だという人もいます。日常の職務から離れた勤務は、会社への忠誠心とか立ち居振る舞いの研修にもなり、生産性向上にも良いというわけです。多くの企業が競馬を接待イベントとして利用するのは、むしろ自社の社員そのもののためだと断言する人もいます。客たちは、アテンドしている社員に面倒見てほしいと思い、放っておかれたくない人が少なくないと、嘆きつつ語る主催者もいます。また、アテンド社員があまりいない方が気が楽だという人もいます。ようするに、どれくらいの割合を按配しても、それなりに納得がいくように収まるということ。人と人とが交わるうえで、大いに促進効果はあると。そういうわけで、最適なホスト／ゲストの配分は何かという試みは、あまり厳格に考えなくてもいいと思い諦めました。

少数の企業関係者は熱心なファンの存在と姿勢を発見して、それ以来、大きなパーティーでも、そうした人たちを各テーブルに上手く配置することで、より一層和やかな場づくりをしています。面白いのは、そうした「明るいファン」は、自分がホストの助っ人になっていることに、じつは気づいていないというところです。

◉食事の流儀

競馬場で社交を促進するために、食事の重要性を過少評価はできません。とりわけ企業接待の場合に、まず「おもてなし」という言葉の定義からすると、食事の準備から始まります。なにしろ食べることは人が人と交じり合ううえで、つねに中心になるからです。

人類学では「コメンサリティ（食を共にすること）」——ラテン語のコム（共に）とメンサ（テーブル）が語源——という用語を使い、食事を共にする人びとの関係性を表します。あらゆる文化の違いや歴史を越えて、他者と食事するのは、社会的に意味のある行動なのです。食事の提供も普遍的に親愛の振る舞いであり、さらに深い親密さに向かわせる記号なのです。一方、食事のもてなしを受け入れるのは、非攻撃条約に署名するのとおなじ意味があります。そして、善意の宣言を表現してもいるのです。

競馬場ではいろいろなかたちで食事を介した交友関係が見られます。一般席ではフライドポテトを分け合っています。専用席や接待用のテントでは、豪華な料理やお茶が提供されます。どのかたちの来場者（単独、カップル、家族連れ、企業関係者等々）にも、食が絡んでいます。これも当然のことで、人間の社交にとって、共に食べるということはもっとも親密な共同行為だからです。とりわけ男女間でより深い、近しい関係を目指そうとしたら、食を共にすることが必須のプロセスになるでしょう。たとえば、「ファースト・デート」のときに、たいていは食事がつきものです。競馬場で食事をしながら女性を口説いている様子をたびたび目撃しました。

そうした、求愛行動の他にも、ビジネス関係者にとっても、同僚仲間や顧客との懇親に共食はひじょうに効果的な手段となっています。「ビジネス・ランチ」は人類学的にも心理学的にも、正当な原理に基づいています。しかしながら、最近になって新清教徒運動やアメリカ由来の健康志向の強いダイエットやライフスタイルによって、酒を挟んでの長時間に及ぶビジネス・ランチは衰退傾向にあります。イギリスにおける労働者の昼食に関する調査によると、「昼食時間」の平均はわずか三二分。一五%の労働者は昼食のためにオフできないありさまです。こういう調査には「社会的望ましさの偏り」というのがつきもの（つまり、調査対象者が虚偽解答にならないで、社会的に許される範囲で、自分の尺度で答える誤差）で、それを考慮に入れても、昼食がよりつまらないものになっている傾向を明らかに示しています。

とりわけビジネス関係という点では、これはまことに惜しむべき社交の方向性を表しているといえます。なにしろ、ゆったりと気楽に取る昼食は人間関係の結びつきを生み、促進する理想的な条件なのですから。そうしたなかで、清教徒的な価値観や食への考え方は「アンサステナブル（持続性がない）」――環境論から借りた用語です――という吉報もあります。行き過ぎた節食主義は、人間の不変な特性や固有の行動様式と相容れないことははっきりしているのです。

すでに抵抗の兆候が増えています。そのひとつがスポーツ・イベントでの「企業接待」の急速な増大です。それは旧来の長々と酒を交えながらやっていたビジネス・ランチに代わる、後ろめたさを感じない代用として有効な社交機能を果たしていると思われます。たしかに、ダラダラとした昼食に外出するというのは非難されるでしょうが、競馬やクリケットに招待を受け、出かけて行くのは社会的にも容認されますし、むしろ積極的に受けるべきでしょう。イギリス人は企業接待というイベントに健康生活や清教徒的真面目主義に抜け穴を見つけたようです。料理を前にした旧来の会社付き合いが名称を変えて続けられるわけですから、この国で企業接待を仕切る産業が、大陸側に比べてはるかに盛んになっているか説明しています。あちらでは長い昼食がビジネスの世界ではいまも広くおこなわれているわけですからね。

◉ポトラッチ

競馬場のおもてなしと、クワキウトル族の有名な「ポトラッチ*」の儀式とは似ているところがあります。食物や貢物の夥しい供給、およびそれらの大量廃棄、無茶苦茶な破壊などが首長の権威と地位を維持するうえで本質的な行為になっています。もちろん、企業や個人のホストが提供する食事やお茶は、これほどではありませんが、おなじような礼儀は見られます。つまり、提供される料理の量は

＊ポトラッチ＝potlatch ネイティブ・アメリカンの一部に見られた、儀礼的な贈答競争。

招待客が消費すると予想される量をはるかに越えていなくてはならないという礼儀です。主催者がいかに気前が良く、太っ腹かを食物が華々しく表現しているというわけです。

ホストが用意する昼食は、ふつうの基準からすると過剰になりがちです——モーニングコーヒーとビスケットから始まり、ブランデーと葉巻へと続き、全体、四つのコース、少なくとも三つのコースから成っています——が、「ポトラッチ」はティータイムにはますますはっきりしてきます。すなわち、夥しい量のサンドウィッチやスコーン、ケーキが大皿に載って出てきます。客がこれを消費するには、二時間はたっぷりかかるでしょう。当然、これらの食物は食べ残しとなります。この無駄はケータリング業者のミスではありません。浪費するほどの気前の良さを意識的に示しているのです。

わたしが調査中に観察した一例で、ケータリング業者が、じっさいミスを犯したのです。客が食べるには多すぎるくらいの料理を並べたわけです。ところが主催者は怒り出したのです。こんな「しみったれた」量と品数を出した業者に、その「配慮のなさ」に腹立てたのです。そこで、業者は慌てて走り出し、追加のサンドウィッチとケーキを用意したと。それらは滞りなく着いたのですが、客はすでに満腹。どれも手つかずで残りました。主催者は残飯の山を満足げに眺め、「うん、いいぞ。こうでなくっちゃ」と。クワキウトルのポトラッチのことを知っている人なら、これはすぐに理解できます。

◉合法的逸脱

ずらり並んだままの料理を前に、客たちはかすかな抵抗を示すこともあります（「あらまあ、もうダメよ」、「もうお腹いっぱいですもの」等々)。そういいつつも、おそらく空腹は満たしているはずなのに、さらに食べてしまうのです。典型的な長時間に及ぶビジネス・ランチに似て、競馬場での食事は、抑制を失わせるところがあるようです。

競馬場という独特な解放空間も、これには影響しています。来場者は日常の食習慣から解放され、大義名分のある放縦へと、一時、身を寄せるのです。禁欲や抑制のなかで、こうした集団的放蕩が食を共にする人たちに、ある種の結束を生み、「共食」経験と意識を強めていくのです。

◉新たな共食

競馬場での食に関する流儀に新たな方向性をもたらしたのはわたしだといってよいでしょう。少なくとも企業接待の場面での現状はつぎのようなものです。企業パーティーの模様を調査しているとき気がついたのです。いくつかの料理が「家庭風」(大ぶりの深皿や平皿がテーブルに並べられ、そこから各自が取り分けるスタイル)で提供され、料理がウェイターから「フォークとスプーンを巧みに使って」供されるスタイルよりはるかに親交には役立つ。この「家庭風」スタイルによって、客同士の関わり、交わりがより深くなり、親密になってゆくのです。とくに見知らぬ同士のあいだで、「どなたか塩の欲しい方は?」とか「ポテトを取ってくれませんか?」、「プリーズ」や「サンキュー」さらに「おお、全部は食べきれませんな」といった遣り取りが飛び交って、これは明らかに緊張ほぐしにまことに効果的なのです。

このスタイルは、サンドウィッチやケーキの皿が行き来するティータイムでは自然におこなわれていました。それを昼食時にも取り入れるべきだと調査報告書に書いたわけです。こうした発見や提案を主催関係者に会うたび、発言すると、たいていの人たちがそれをノートに書き留めていました。そして、つぎに企業パーティーに行ってみると、なんとわたしの提案が採り入れられているではありませんか。

真面目、狭量な同僚たちは、わたしがサークルのやり方に口を挟んでいると眉をひそめていますが、べつに抗弁するつもりはありません。わたしの提案は、外部のケータリング会社が意識的に押しつけていた提供法に、サークル伝統の人情深さを再導入しようという意図があったからです（公平を期すために申し添えておきますが、わたしの調査に共同スポンサーになっていただいたケータリング会社、レサビー・アンド・クリストファー社は、わたしの「共食」の考え方に基づいて運用法を変えるについては、大いに喜んでいたのです）。人類学者は、ときに神経質になりすぎて、旧来の習慣に干渉しないようにしたり、新しい慣例を入れようとしなかったりするところがあると思います。ようするに真面目な人たちの硬直した考え方というのは、「伝統」や人びとがそれをどう動かしてきたのかについて、基本的な誤解があるように思えてならないのです。そういう考え方でいると、人類学者がたまたま訪れた部族で、そのときに観察された習俗が古いものに違いない、それゆえ神聖な伝統のはずだと、また尊敬されるべき、絶対に維持、継続されるべきものと、無意識のうちに思い込まれてしまうでしょう。でも、事実はそうではありません。「伝統」というのは、つい去年、いや先週始まったものかもしれませんし、真面目な人類学者かなにかがやって来て、これはこれは豊かで魅惑的な遺産で侵してはならないなどと宣言でもしないと、来週にでも捨てられて当然のものかもしれないのです。

レヴィ＝ストロースは、トーテミズムに関する有名な本で、「伝統」はどこからともなく出てくるという完璧な例を書いています。第一次世界大戦中、アメリカ陸軍のある将校が第四二師団に新しい名称を付けることにしました。「レインボー師団」としたわけです。その理由は、多くの州から兵士が集まっており、それぞれ異なる連隊色をもっている様子はレインボーのようだと考えました。すべての兵士がこの名称をすぐに採り入れ、師団がフランスに到着するころには、自分の所属部隊を訊かれると「レインボーです」と答えるほどになっていました。

その後わずか五ヵ月もすると、空に虹が出ると師団の吉兆だと、皆が信じるようにもなり、さらに三ヵ月で師団が戦闘行動に入ると、決まって虹が見られると共通理解されるようになりました（気象条件で行動ができないような場合でも）。さらに数ヵ月後、師団の全車輛にレインボーのシンボルマークが塗られ、ほどなく兵士全員がレインボーカラーと形をあしらった徽章を付けるほどになりました。

この第四二師団がアフリカ部族社会の泥小屋のようなものだとしたら、「部族にいるレインボー人の伝統的な習慣や信仰、芸能にとって神聖なレインボーは不可欠なものだ」と人類学者が自信に満ちて、論文の一つや二つはきっと書くでしょう。そして、グローバル企業のような無神経な人びとが古くからの伝統に外側から介入して来る兆候が少しでもあれば、皆が怒りをあらわにするのです。

わたしがケンブリッジで人類学の研究を始めるとき、父が話してくれたことを思い出します。「どここの部族はこれこれのことを信じている」という表現に出会ったら、しかもその信仰がひじょうに奇怪千万なものだったら、その部族はそんなもの信じていないし、そんなことをいう人類学者は部族の言葉をおそらく分かっていない。誤解もしているとすぐに気がついた方がいいと教えてくれました。父はいささか大げさにいったに違いありません（いくら勘の鈍い人類学者でも部族の信仰など正しく記録できるはずですから）。父の意図は、わたしによく注意しろということでしょうし、迷ったら自分のアドバイスを思い出せといいたかったのでしょう。もしそうなら、父の作戦は図星でした。というのも、著名な人類学者のご高説をまんまと信じ込んでしまう純真な心からショックを与えて救い出してくれたわけですから。

数年後になっても、純真な考え方から抜け出そうともがいていて、父の注意を思い出さなくてはならない状態でした。たとえば、化粧品メーカーのボディ・ショップから、人間の匂いに関する心理学、人類学の見地から報告を書くよう依頼を受けたとき、何人かの人類学者が書いたことを、わたし自身、無批判に反芻していたのです。それはこういうことです。アフリカ、マリのドゴン族の人びとは匂いと音はともに空気を伝わってくるものだから、本質的に関係し合っていると考えられている——ドゴン族は匂いを「聞く」と表現すると。そこから、わたしは何も考えずに敷衍したわけです。「つまり、言葉そのものが、ドゴン族には匂うものだと信じられている。良い言葉遣い——適切な文法と発音——は良い匂いがする（ドゴン族の言葉では、油と料理の匂いを指す。これは高評価なのです）。一方、鼻音で不明瞭、文法的に誤った話し方は、不快で濁った匂いがする。一〇歳のドゴンの子がいつまでも文法や発音を間違い続けていると、お仕置きとして鼻に穴をあけられる……」

ここで、父の声が聞こえてきて、ハッと立ち止まり、但し書きを加えることにしました。「ただし、誰でも首をかしげる言葉に基づいて、人びとの意識を研究している人類学者は、人びとの比喩的表現を誤解することがあるのではないか。たとえば、ドゴンの人がこちらの世界にやって来て、われわれの考え方にも匂いがある――なかには「悪臭ふんぷん」な考え方も――とすぐに気がつくかもしれない。また、子どもの口を薬剤で洗ってやるのは「悪い言葉」を退治する効果的な方法だと信じているなと見るでしょう」。もちろん、わたしもおなじような魅力的な罠にはまっているのです。魅力的という意味は、たとえば、人類学者が現地人のものだと誤解している考え方は、じつは現地の人たちが実際に考えているものより、もっと豊かで興味深いものに誇張しているのがつねなのです。慧眼の方なら、この本のなかでもいくつか具体例を見つけられるでしょう。

◉実験

フィールドワークが進むにつれ、競馬ファンの行動はどうも真っ当すぎて本当なんだろうかと思い始めました。そこで、来場者たちがもっと難しい、ストレスのかかった条件下なら、どう行動するか見てみたいと考えました。理想としては、皆さんを大きな実験室にでも入れて、不安や不快、フラストレーション、恐怖などのテストに晒し、それでも快活でおこない正しさを維持できるか見るわけです。

でも、競馬場の幹部がそんな荒唐無稽な実験を許すはずはないだろうと、研究者仲間にボヤいていました。サークルの規範意識の強さを試す絶好の機会は、これから先もないだろうと思っていたのです。ところが、数日後、グランド・ナショナルの当日、爆弾テロの予告があり、願ってもない「自然の実験」が起こったのです。六万人以上の観衆が、楽しみを奪われ、混乱のなか集められ、矛盾するような指示を受け、寒風のなか何時間も立ったまま待たされ、挙句、夜になって寝る場所もないまま捨て置かれたのです。ひじょうに強いストレス、不安、イライラ、不快にもかかわらず、人びとは、平常と変わらない親しみ、品性、愛想を失わなかったのです。

場内をあちこち引き回され、周辺の住宅地に溢れた群集は、刺すような風のなか通りという通りを彷徨い、また、いつになったら駐車場から車を出せるのか待ちながらも、疲労困憊、身を震わせた人びとは、笑いと冗談を言い合っていました。リバプール行きの列車に乗れば、車中は満員すし詰め。押し合いへし合いする難民は、それでも競馬人らしい昔ながらの礼儀で席を譲ったり、体がぶつかったりすれば、丁寧に謝ったりを繰り返したのです。屈強な若者が場外で何本かの缶ビールを買い込んできたときのこと。それを仲間に気前よく配ろうとしました。それも礼儀正しく訊きながらです。「ハイネケンにする？　それともボディントンズがいい？」また、リバプールに向け走ったり止まったりする超満員の列車のなか、歌い出すものも現れました。他方、とある老夫婦が一晩寝るところもない長旅のなかにありながら、「可哀そうな馬たち」は厩舎でどうしているだろうかと心を砕いていたという話もあります。

ともあれ、競馬ファンのものに動じない明るさ、人間想い、そして正しきおこないの証拠をつかんで、翌日、意気揚々とオックスフォードに戻ってきました。ただ、場内では、グランド・ナショナルが中止になって、嬉しがっていたら、不謹慎、不適切と思われかねませんから、喜びを押し隠さなくてはなりませんでした。ですが、列車で帰る道すがら、ずっと笑ってばかりいました。オックスフォード駅に着いてもなおお笑いが堪えられなかったのですが、それまで実験など無理だと愚痴っていたわたしに、しょっちゅう悩まされていた友人とばったり会ったのです。

「ケイト、野外実験したがってたよな。でも、六万人もの人間が必要だったの？　もっと小さな開催を選んだ方がよかったんじゃないの？」と、しかっめ面をしながらいいます。

もちろん、エイントリの爆弾騒ぎがわたしとは無関係だとはっきりといいはしましたが、それでも、責任の一端はあると思っている人間がオックスフォードにはいたわけです。

第12章　言葉

◉競馬場の言葉遣い

競馬サークルの人びとは、ふつうの英語と独特な言葉遣いとを混ぜて話しています。その割合はさまざまです。社交目的の来場者はおもにふつうの英語に専門語を意識的に混ぜながら話しますが、熱心なファンや馬の関係者、メディアなどは、会話全体がサークル内の言葉遣いでおこなわれています。

こうした遣り取りは、もちろん外部の人間にはまったく分かりません。言語学などでいう「私的言語」つまり仲間言葉により、それを解さない人を排して同族意識を強めようというわけです。こういう現象は何も競馬界に限りません。あらゆるスポーツ、趣味などサブカルチャーの世界には、独自の語彙、言い回しがあります。およそ人類というのは、何か行動するときにはかならず、私的言語を考え出し、内部と外部とを分け、自分たちを誇らしくさせる生き物のようです。

そうした仲間言葉の複雑さにおいて、競馬界はとりわけ群を抜いています。競技の複雑さと比べものにならないくらいです。他の数多のスポーツと比べても、競馬という競技はまことに単純素朴、一直線です。これは観るものに訴える第一の理由です。どんなに規則を調べても、先頭でゴールを駆け抜けた馬が一着、二番目が二着、三番目が三着、これ以上を見つけ出すことはできません。決められた場所から一斉に走り出した馬たちは、もう一方の地点まで競い、あるいは途中、数ヵ所の障害を飛越し、一番に決勝線に達したものが勝つ。これほど単純明快なスポーツは他にありません。

クリケットやテニス、馬場馬術などと比較して、競馬には特別な用語などほとんど必要ないようにみえますが、その仲間内の言葉は、ポストモダニズム文芸批評のようにひじょうに複雑、練り上げられたものになっています。競技の単純さと言葉の複雑さという、この奇怪な矛盾は、とりもなおさずサークルの人びとのひじょうに活力ある行動によるものと思われます。すでに書きましたが、人間というのは物事を複雑にしていく傾向があり、行動は単純なのに、それを規範やマナーなどといった影響力ある歌や踊りで粉飾していこうとするのです。競馬サークルもポストモダン批評も、そうした複雑化への偏愛がとりわけ顕著のように思われます。競馬競技の本質的な単純さが、言葉を生み出していく力に不屈の抵抗を示しています。そして独特な言い回しのなかに無数の仲間言葉を織り交ぜながら陽気にまくしたてるのです。

競馬に関する一般的な語彙は、サークルの人間からすれば、それこそ単純。なにしろ一般の辞書にあるほとんどすべての語にスラングを生んだ人たちなのですから。「National Hunt（障害レース）」は「over the tricks（策略越え）」、「parade ring」は「paddock（パドック）」、「firm（良）」は「quick, hard, lively, top-of-the-ground」――「firm」以外なら何でもという感じです。何ヵ月もかけてつぎのような会話を理解しようと頑張ってきました。

「……アマチュア騎手レース（bumper）では瞬発力を見せたが、いまじゃ鈍足だ……」

「……一気に飛べっていったのに、踏み込みのときに小足を入れたので、高く飛び上がっちまった……」

「……オーケー、オーケー、あの馬、グレード競走（black type）に出られる馬っていうわけじゃねえけど、気性が悪いって（squiggle）わけじゃなかったけどな……」

「……クィーン・マザー（Queen Mother）のあとも好調だったぜ……」

「……後ろに入られちゃって、並んで走らなきゃならなかった……」

「……二馬身も離されちまったけど、アイツ、よく頑張ったよ」

「……ファケナムでは〝エッグ・アンド・スプーン〟しかなかったし、あの馬には期待できねえな……」

「……あの牝馬、やせこけちまって、歩様もおぼつかねえなあ……」

「……連中が出て行っちまうまえに行っておかないと、いなくなっちゃって、機会を逃すぜ……」

「……アヒルの卵ばかり（a row of duck-eggs）の駄馬に乗ってる、七ポンド減量騎手がいるだろ。二五ポンド（pony）賭けてもいいぜ……」

「……追うのを止めた（switched him off）けど、気合を入れ直したら、ゴールまで三つもあってよ、バテバテになっちまった……」

これらの例は、わたしが聞き取ったのを正確に書き写しただけです。なかでも、いくつかは二時間のあいだ、おなじ調子で交わされていました。その間、あたかもアマチュア騎手や下級馬に自分が囲まれて育っているように、頷いたり笑ったり、目を見開いたりしていました。ただ、分かりにくい仲間言葉などを出走表の裏に書き洩らしたりすると、心細くなってきました。とりわけブックメーカー同士の遣り取りなど、分かりにくいんじゃないだろうかと、調査に入る前には思っていましたが、案の定、バーやスタンド、パドック周辺で耳にした会話の半分以上は、どれもサークルの人たちだけに通じる分かりにくいものでした。

れいによって「どんなに難しくたって」という呪文を唱えてパニックにならないようにしたのですが、競馬用語を教えてくれる会話学校などありそうもないのですから、もうひとつの頼みダネ「なにか書いてある本があるはずだわ」と思っていました。はたまた「誰か物知りがいるはずだわ」という怠慢に舞い戻ってしまいました。かくして、走り書きした会話集を英語に翻訳してくれる人探しにさ迷い歩くことに……

いつものように、親切なサークルの人に事欠くことはありませんでした。「下級馬（sellers）」と「二流馬（claimers）」の違いとか、サークル独特の動詞の使い方を解きほぐしてくれるとか、その他もろもろ、何時間も倦むことを知らず、滔々と説明してくれる人をよく知っていたからです。けれど、教育係を少数の知り合いに押し付けるのは気の毒なので、あちこち会う人に話しかけてみました。すると思わぬ効果もあって、仲間言葉を訊いて回っていると、打ち解けて話せる新しい知り合いもできて、さらに個人的なことや難しい質問もできるようになりました。とにかく、言葉でもがいている姿は好感を与えたようで、学者にたいして抱いていた疑念や訝しさが払いのけられ、あまりにモノ知らずだと笑われ、いろいろ教えられ、言い間違いを正してくれました。そうした言葉をめぐる近づきが効果的だと味をしめ、すでに知っている言葉を訊いてみたり、わざと間違えて騙したりもしました。ただ、そういう誤魔化しを正直にいってしまったら、自分の商売に間違った印象をもたれかねません。とはいえ、そのまま放っておいても調査に支障はないでしょうが。

専門用語についてまだお分かりにならない方々のために、いくつか説明しておきましょう。バンパー(bumper)は障害馬のレースで、柵や障害を設けずにおこなわれます。プレイター(plater)は「セリング・プレート」に出走する馬のことで、このレースは、直後に勝ち馬がオークションに出される、下級クラスのレースです。混乱するようなことですが、レースに出走する馬につける特別な蹄鉄は「プレート」とか「レーシング・プレート」というのに、その一方で「プレート」は「鞍」を指すスラングでもあるのです——「あの騎手、両ペダル(鐙のスラング)を無くしたのに、プレートの上に乗ってたぜ」などといいます。「七ポンドの減量騎手(クレイマー)」は経験不足を補う目的で七ポンドの斤量免除を許された騎手のこと。「スキッグル(squiggle)」は、競馬新聞などで馬名のところに付けられる記号で、扱い難い気性——あるいは散漫、物見*など——を示します。「ブラック・タイプ(black type)」

---

*物見=馬は臆病な性格で周辺を気にすること。

は上級グレードレースの勝ち馬を情報誌などでは黒太文字で表します。「アヒルの卵の並び（a row of duck-eggs）」は、出走表で見られる○の並びで、これまですべてのレースで着外だったことを指します。おなじ文にある「ポニー」は小さな馬のことではなく、二五ポンドの賭け金のこと。別の文に出てきた「クィーン・マザー（Queen Mother）」はチェルトナム・フェスティバルでおこなわれるクィーン・マザー・チャンピオンチェイスのことで、じっさいの皇太后を指すものではありません。そこで勝った馬がレース後も好調を維持していたと。ちなみに、このレース、サークル内ではまともにいわれることはほとんどなくて「クィーン・マザー」とだけ呼ばれています（「つぎの狙いはクィーン・マザーかい？」）。皇太后ご自身は、もちろん「クィーン・マザー」と呼ばれているわけで、サークルの人たちがレースのことをいっているのか、皇太后のことを指してるのか定かでないことがあります。ただ、ある人が「今年のクィーン・マザーにはクィーン・マムはお出ましになった？」といっているのを訊いて、巧い手があるものだと感心したことがありました。

もう少し解説を続けましょう。別の文で「瞬発力（turn of foot）を見せた」は、スピードのある脚を指しますし、「鈍足になった（get a leg）」は、脚に怪我か傷があって熱をもったり、腫れたりして、ヨタヨタするようになっている様子。また、「一気に飛べって（big one）いった」は障害のかなり手前で飛ぶように騎手が合図したという意味。ところが、「小足を入れた（put in a short one）ために上に飛びあがってしまった」は、小さな飛越という意味ではなく、小さな一歩という意味——つまり、馬が飛越の合図を無視し、余計な一歩を踏み、そのために柵の上の方に飛びあがってしまった。柵に近づきすぎたために、奇麗な弧（balloon）を描くことができなかったということです。

「追うのを止めた（switch off）」（「寝つかせる（put him to sleep）」と表現することも）は騎手仲間の言い方で、レースの早い段階で馬を宥めてしまい、決勝点に向けて最後に「気合を入れる（pick him up）」まで緩めたままにしていること。この文にある「三つもあり（three）」は平地なら三ハロン、障害なら三つ障害、ゴールまで残っているという意味。さらに「バテバテになっちゃった（tie up）」は馬の筋肉が硬直してしまい、もはや決勝点までギャロップで駆けることままならずの状態という意味になります。

また、別の文を見てみましょう。「連中が出て行っちまうまえに行っておかないと、いなくなっちゃって、機会を逃すぜ」の文ですが、まず「連中が出て行く（go out）」は出走馬がパドックから出てゆくという意味。「行っておかないと（don't get over）」は、投票所に行く。「いなくなる（gone down）」は出走馬がコースに出て輪乗りを始める。「機会を逃す（won't get on）」は、スタート前に馬券を買っておかないと、その後では遅すぎるという意味を表します。「get on」にはもちろん、「乗る」という意味がありますが、サークルでは、ある馬に「賭ける」の意味を指します。「この前のレース、デコレイテド・ヒーローに乗ってたのかい？」は、「その馬に賭けたのかい？」の意味で、「フランキー・ディットーリに乗り替わったのかい？」という意味ではありません。

「ファケナムでは〝エッグ・アンド・スプーン〟しかなかったし、あの馬には期待できねえな……」の「エッグ・アンド・スプーン」は下級クラスのレースを蔑んで表現する隠語。その馬はそうしたレースでもよく走ったけれど、これから先のレースでは、たぶん「期待（fancy）」がもてないと、この話し手は考えているのです。つぎの「あの牝馬、やせこけちまって（run up a bit light）、歩様もおぼつかねえなあ」は、減量して、人間なら「やつれた（drawn）」と表現されるところです。また「歩様もおぼつかない（scratchy going down）」は、スタート地点へ向かうギャロップがスムーズな脚の運びではなく、短い完歩のぎくしゃくした姿になっているという意味です。

こうした競馬サークルの仲間言葉を何とか掴もうと格闘しているころ、とにかく不満を漏らしていたのですが、その一方で、暗号解読を心の底では楽しんでいる自分がいました。この手の言葉がいかに多彩か感動さえしていて、ひとりで滔々とまくし立てているなか、友人たちが居眠りしている理由がまったく分かりませんでした。言葉の使い方に固執するわたしと、心持を共有できない人にとっては、おそらくさわりの部分だけでも十分すぎるのでしょう。しかしです、言葉の探求にたいする熱意を理解し、発見したばかりのことを話すのを聞いて、明るく対応してくれる人がいたりすると嬉しかった。また、こちらの話す内容が役に立ちそうだ、これなら競馬観戦しながら、ひとつ自分も一緒に調査に参加してみよう、などと反応してくれる、そう妄想するだけで、気持ちが癒されるのですがね。

◉騎手の話法

競馬サークルのなかでも、さまざまなグループで使われている言葉の変形、いわば微妙な言葉の綾などを知り始めると、サークル独特な語彙や文法の基本をしっかり掴んでおけばよかったと思いました。
騎手も、他の人たちがレースで馬の動きを表現するのとおなじ基本的な言い方をすることがありますが、文法的には破格な関係を表します。たとえば、馬を指すときの人称代名詞単数の使い方を見てください。「直線に入ったとき、オレ疲れちゃってさ」と彼はいいますが、それは、馬が疲れたという意味です。また、「オレさ、水濠のところでぎごちなくなっちゃって」は、馬がヘンなかたちで飛越したことを表しています。

これを、騎手をしていた人にダブル・チェックしてもらいました。すると、わたしが記録した第一人称は明らかに馬のことを指していると確認してくれました。

「騎手自身は、レースで疲れたり、ぎごちなくなったりしないんですか?」と、さらに訊くと、

「もちろん、そういうこともあるさ。でも、まあ、自分のことは黙ってるな」

こうした騎手の語法（とくにアイルランドの騎手のあいだでは一般的のようです）は、おなじ文のなかで一人称単数が人と馬どちらにも交互に出てくるようになると、混乱することになります。また、「コーナーを回るとき、オレ、手前足を間違えてさ、最後の直線で左に寄れちまった」といい、これは馬が外側の脚を使ったために左に寄れたという意味になります。それから、「オレが鞭を出したら、まっすぐになったよ」は騎手が鞭を他の手に持ち替えて使ったら、馬がしゃんとしたという意味です。

騎手の話に出てくる極端な例をなんとか解読しようと、いつも頭を悩ませていましたが、その一方で、騎手と馬との一体感には心からウットリしてしまいました。

◉メディアの話法

競馬メディア独特の言葉遣いは、通常のサークル言葉をさらに豊かに、装飾過多にしたもので、ときには一般の「ジャーナリズム・リテラシイー」を越えたところが見られます。

競馬メディアの話法では、競馬関連の行動や現象、開催やその雰囲気を表現するのにつかわれる語彙は誇張され、留まるところを知りません。エスキモーが微妙な雪の違いを表すのに多くの語が必要だといわれますが、それとおなじように馬に関しても膨大な辞書が要ります。

たとえば、馬が障害を飛越するのに上手く飛べなかったときには、「べたついた（sticky）」、「つまづいた（blunder）」、「ぶざまな（untidy）」、「よちよち（paddle）」、「はいずった（scramble）」、「近づきすぎた（get a bit close）」、「脚が残った（leave a leg behind）」等々。おなじように上手く飛んだときには単純に「グッド・ジャンプ（good jump）」とはいわず、「クリーン（clean）」、「クレバー（clever）」、「フルエント（fluent）」、「際立った（bold）」、「攻撃的（attacking）」、「自信たっぷりな（confident）」などと表現する。馬（ないし騎手。違いはあいまい）が「正しく測っている」、「完璧に判断した」、「歩幅を考えている」「素晴らしい脚」という。いつも素晴らしい飛越をする馬（騎手）は「コンコルドのパイロットよりはるかに空里（airmiles）をかせいだ」と、オーバーに表現される。騎手が明らかに「前寄り」の騎乗をしたりすると、「馬の耳をかじっている」といわれます。

こうした多彩、多様な表現は、狭隘で想像力のかけらもない「ジャーナリズム・リテラシイー」とは一線を画しています。一般的なジャーナリズムなら、どんな火災も「ブレーズ（炎）」一本やり、どんなに力のある人でも「ボス（上司）」だけ。ウィットも微妙、繊細な表現も認められないのです。とはいえ、競馬メディアのなかには、この二つ、一般のレベルと競馬サークルのレトリックを上手に使い分け、混ぜている人もいます。その観察力は馬のことになると素晴らしく洗練されているのに、人間様に関してはぶっきら棒で無関心になる印象があります。

言葉のうえでの境界線は決して普遍的なものではありません。メディアの人びとも「ジャーナリズム・リテラシイー」の限界に抵抗して、競馬について書くさいの多様なレトリックを人間観察にも広げようとしています。わたしが調査、取材するときの信頼できる協力者も、そのなかにいます――そのユーモアに途方に暮れることもありましたが。

わたしが調査のことを話し終わると、あるジャーナリストは「オオ、そうですか。デッドライン＝死線＝締め切りは来年ね。報告書がどれくらいの長さになるのか、どこまで調査するのか決めてるわけね。で、ＢＨＢからたんまり金が出ると、ゴーッシュ――ねえ、ストレスにはどう対処してるの?」

意外なことに、わたしが外部の人間で、メディアの領域に足を踏み入れていることが分かると、ニヤリと笑って、あちこち案内して、誰彼となく紹介してくれるという、親愛の情を示してくれるようになりました。「締め切り」についてもジョークを飛ばし、「六ヵ月しかないじゃないか、ケイト。どうするか考えてるの?」――そういいながらも、調査のあいだじゅう、お定まりの冗談ばかりいわれることになりました。

イギリスの、あるサブカルチャーについて、観察、調査を終え、その一員になろうと思ったら、そういう冗談でからかわれるのは、受け入れられたことの証しだと分かります。一定のグループや集団、クラブなどで周りのメンバーが「からかい」を始めたら、もう仲間に入っているのです。嫌っていたら、からかったりしません。無視するだけです。見たところ、競馬サークルでも、皮肉や冷やかし、おふざけはコミュニケーションや親交の初歩です。そんなわけで、デッドラインの言葉も肯定的な意味に受け取りました。

◉役員の話法

競馬場の役員――審判委員、開催委員、発走委員等――も、他のかたちの専門用語で互いにコミュニケートしています。その言葉遣いは、競馬の仲間言葉、学生風のユーモア、「お役所言葉」などをミックスした、多少ぎこちないものとなっています。

各種委員の仕事は競馬場の、ある部署と他所とが意思をたえず伝え合っていく必要があり、したがって、その伝達内容の多くは、まことに無味乾燥な「お役所的」なものにならざるをえません。ただ、規則に則ってはいるものの、日ごろ、使わなくてはならない尊大な言葉遣いには、この人たちもややウンザリしているようで、ときに雑駁な表現を注入したくなるようです。

なかでも、ユーモア溢れる完璧な例をニューマーケットで目撃しました。デレク・ブレイク氏という検量委員が長々とした伝達事項を、いつもの重々しい「お役所言葉」で伝えていたのです（裁決委員が通常のクレームを審議し、予想通りの裁定を下す、そういう事項でした)。その最後に、委員は、一呼吸入れ、見事なまでの間を取り、「バ・ブーム!」*といったのです——これにミュージックホールもどきの仕草が付いていました。

競馬場管理者の多くは、下部の人びとと違って、自分自身、真面目にしているのがまことに難しいようです。対応の仕方や義務を果たすのはじつに几帳面なのですが、その威厳とか真面目さに相応しい雰囲気を漂わせるのが難しいようなのです。そばに騎手などがいないときに公式の文書や発言をする場合でも、真顔ではいられないのです。れいの「バ・ブーム」も、それを出さずに黙っているときも、表面の下でつねに叫んでいたりするし、また茶化すような眉根を寄せ、笑いをかみしめた表情をするのです。

こうした不謹慎ともいえる態度は、しかるべき場所——厳粛な役員たちが居並ぶところ——では目立つものですが、堅苦しさを嫌ったり、お祭り騒ぎが好きなところでは、サークル中どこでも見られますし、ポートマンスクェアにいる大幹部のなかでも見られます。とはいえ、他と比べても、役員たちの話法はなかなか分かりにくい。極端に端折ったり、略語を使って話すところもあり、まるで電文が長くなると高額になるのを避けて、代名詞や冠詞、接続詞等を省いて打つような感じがします。

一頭の馬がスタート地点に走ってゆくのを見ながら、ひとりの役員が隣の同僚に話しています。「良

*バ・ブーム=一九七〇年代の漫画のキャラクターで、敵を倒したときに発する文句。

い動きだ（Moves well）」。これに同僚が「路面が馬に合っているんでしょう。デイジー・カッター「低運歩」だ（Ground suits him. Daisy-cutter.）」と返します。ざっと訳してみますと、はじめの役員は馬の動きをいったのにたいして、同僚は、良馬場で、「デイジー・カッター」という低く、長いストライドで脚を運んでいる姿が、その馬の好むところなのだろうと推測しているわけです。

わたしも乗馬をするので、ジョッキー・クラブの役員が使う馬の用語はよく知っています——たとえば、デイジー・カッターが特殊な芝刈り機でないことは分かります——。ですが、分かりにくい仲間言葉と端折った言い方が混ざってしまうと、道筋が見えなくなって、受け流してしまいます。仲間内の言葉が交わされる会合は、前後関係から何とか読み解くことはできます。ですが、役員の方々の場合、その「文脈」、前後関係がないことが多く、まったく無関係な数語の流れをよどみなく話すし、それも馴染みのない用語が頻出するのです。そんなとき、こちらとしては、観光客のように笑って頷くしかないというわけです。

ともあれ、ほどほどのところで止めておきましょう。というのも、わが同僚ピーターは、イギリス陸軍の調査をしたことがあるのですが、そこで体験したこと、上級将校たちはわたしがジョッキー・クラブで聞いたのとおなじ、端折った電報文のような言葉遣いをするだけでなく、会話全体が略語だらけというのもあったらしいのです。「少なくとも、キミの方はまともな単語は使ってたんだろ」と、ピーター。嘆くことしきりでした。

おわりに——サークルの人間になる

人類学者の研究成果が、対象としている共同体や組織から厳しいチェックに晒されることはほとんどありません。良心的な研究者のなかには、自分の理論について反応を求める人もいますが、書いたものを読むのはたいがい他の人類学者です。そうしたなか、わたしの経験は珍しいものでした。わたしの調査報告は、サークルの幹部に流布しましたし、いくつかのところは競馬メディアでも取り上げられました。サークルの文化や習慣に関する分析を精査する機会は、サークルの人びとに開かれていましたし、コメントや批評も自由でした。

といっても、わたしの仕事にたいするサークルの「検証」は、やさしいことではありませんでした。最初の報告が出る準備中は、どういう反応があるか心配していました。わたしがサークルの人びとを批判していると思われるのじゃないか、それとも取るに足らないものと勘違いされるのではないか——それとも、その両方——と疑心の念でした。とくに、メディアの反応が気になりました。わたしがおなじテーマを他の視点から書いているとしても、かれらの「領分」を侵犯しているのは分かっていましたから。

いつものように、その心配は杞憂になりました。わたしの新しい見方は、サークル全般を関心の対象としており、熟練のメディア関係者は観察の正確さに驚きを表明してくれたのです。当時『スポーティング・ライフ』にいたディヴィッド・アシュフォース氏はわざわざオックスフォードまでインタビューに来ましたし、『レーシング・ポスト』のハワード・ライト氏には競馬場でインタビューを受けました。二人とも、会ってすぐとても褒めてくれましたし、その後、紙面にも書いてくれました。これはサークル特有の社交辞令だったでしょうが、詮索するつもりはありませんでした。二人のメディア人が書いたものはそれまでもときどき読んで感心していましたし、デイヴィッド・アシュフォース氏の著書『ヒッティング・ターフ（*Hitting Turf*）』は、競馬について書いたもののなかでは最高に面白かったので、褒めてくれたのは嬉しかった。

経験豊かなメディア人から好評をいただいたのですが、それでも大衆の評価を期待していました。ようやくひとりのメディア関係者から批判が来ました（ポートマン・スクェアの統括にたいする反論はいつものことなのですが）。わたしの見解に向けてというよりは、この企画にBHBが資金サポートしたことへの不満を意図したものでした。また、この件に関して仲間から賛同はほとんどありませんでした（もちろん、ひそかには賛成してくれていたのかもしれませんが、サークルの大勢がわたしに好意的なのを感じて、皆黙っていたのです）。

たぶん幸運だったのでしょう。この唯一の批判が出た直後、ジョン・マックリリク氏からインタビューを受けたのです。ジョンはブックメーカー出身でテレビのコメンテーターをしていました。わたしの仕事にたいして堂々と支持を表明してくれました。これにより、サークル全体が評価してくれる保証となって、それ以上の批評を抑える結果となりました。ジョンは、ブックメーカーを罪食い人と譬えたところとか、その他いくつかの捉え方を奇抜だと批評。基本的な見方は認めてくれているのはいうまでもありません。ジョンは「ビッグ・マック」という愛称で、歯に衣着せぬ物言いで有名。それだけに、その出自であるブックメーカーの解釈にたいする反論が穏やかだったのは嬉しかった。

テレビなどで「ビッグ・マック」をご覧になったら、わたしの安心もお判りでしょう。一八五センチもある大男で、いつもけばけばしい恰好（これには異様な帽子、ヒラヒラするケープ、派手なタイがついてます）で、チャンネル4の競馬番組に登場します。そして、本命馬についた許しがたいオッズやファンの関心の高い問題について、大声でまくし立てるのです。前に紹介したデイヴィッド・ニコルソン調教師より体格も大きく、怖い人物です。

テレビでインタビューしたいとオファーがあったとき、警戒しろといわれたものです。ところが会ってみるとビッグ・マックは、陽気で親しみやすく、思いやりのある人で、カメラの前で大仰に振舞う、人を圧するようなところはありませんでした。わたしがインタビューに緊張しているのが分かると、事前に「打ち合わせ」の時間をわざわざ作ってくれて、報告のどの部分を訊くか話してくれたのです。心の準備ができたのは当然です。おかげで打ち解けて話すことができましたし、インタビュー全体が驚くほどすんなり進行しました——番組は生放送で長時間、かなり詳しい内容、しかも歩きながら話すという進行でしたが。

　テレビ・カメラやらマイクやら、まことに賑やかななかにあって、ジョンは和やかな冗談で、わたしを落ち着かせてくれました。ときには、わたしの痩せこけた容姿をからかうようなことも。どうやら肉付きの良い女性がお好みのようで、もう少し体重を増やせば、痛ましい胸を改善できるなんてことも、冗談交じりにいうのでした。まあ、このからかいも親しみのサインとして、善意に取ることにしました。このインタビューの数ヵ月後、ある晩のこと、自宅で寛いでいると電話がかかり、聞き慣れない男の声。「どう、乳首、硬くなってる?」明らかに変質者が卑猥な電話をかけてきたと思い、すぐにピシャリと切りました。すると、また電話が鳴り、用心しながら取ると、申し訳なさそうなビッグ・マックの声。「ケイト、ごめんなさい。切らないで、ボクです、ジョン・マックリリク。ほんの冗談だったんだ。バカなことをしちまって、切らないでね。チャンネル4でまたインタビューしたいんだけど、どうかなと思って……」

　これに、「あらまあ、ジョンなの。ごめんなさい。あなただとは思ってもみなかったわ。あなたの声だと分からなかったの。分かってたらピシャリと切るようなことはしなかった……」と、すぐに返したのです。こちらも謝って返すなど、いかにもサークル風な返答で、自分も「サークルの人間になってる」と我ながら感じたところです。

　ジョンはそれからもたびたび謝っていましたが、こちらは全然気にしていないと安心させました。それ以来、心を通じ合う仲になっていったわけです——それでも貧弱な胸については、ときどきからかわれてはいますが。

競馬サークルに関する調査計画が正式に終わったあとも、開催に出かけることが多くなりました──ただし、今度はサークルの名誉会員のような立場です。調査結果が広く知られるようになって、サークルの方々が自分たち専属の人類学者ができたようだと思って、ことあるごとに新来の玩具を見せびらかしたいとなったみたいです。とはいえ、人類学者がいったい何をやってるものだかと思う人も、少なくとも半数はいるのも事実です。ですが、いずれにしろ、競馬には良いことだとしっかり納得はしていました。かくして、サークルの人類学者がテレビや報道の前を舞い歩き、スポンサー企業の食事会や授賞式、夕食会などに堂々と現れ、出走表やパンフレットにコメントを書き、果ては新スタンドのデザインから、販促営業活動に至るまで、さまざまなアドバイスを求められるようになりました。

こうした新たな立場に厄介なところがなかったわけではありません。わたしの発する言葉は福音のように扱われ、多額のイベントや経営企画などがわたしの試案によって設立されたりもしたのです。将来の競馬ファンを開拓するという全国規模の情報ヘルプラインも、わたしがそれは良いアイディアだといったところから始まったのです。トートはヴァレンタイン・デイに大掛かりなキャンペーンを展開しましたが、これも競馬場で男女が睦み合うところを捉えたわたしの観察に依っています。また、わたしの発見からヒントを得た多数のイベントが企画されてもいます。無駄とは知りつつ、人類学は厳密な学問ではないと、誰彼となく説いてみました。そもそも、サークルの人たちは厳密な学問などに関心がないところが問題です。自分でいうのもなんですが、足で稼ぐ市場調査の確実さよりも、ミステリアスで裏づけのない人類学の調査結果に、金のかかるビジネスの決定をしているように思われました。

何事にもリスクはつきものという考え、流儀へのこだわり、呪術師の神秘的な力に囚われてやまないサークルの性癖からすれば、そうした反応も当然でしょう——とはいえ、自分としては、一介の人類学者の提案が損害を引き起こせば、責任が取れるのか心配でした。わたしの期待としては、れいのレース後の流儀のように、提案がうまくいかなくても、その原因はわたしの力の及ばないもの、ないし神のなせる業だとなってくれればいいと。あるいは、これもれいの集団的健忘症の流儀に従い、損害となったイベントがわたしの調査由来だということを皆さんきれいさっぱり「忘れて」くれるといいのです。

わたしとしては、競馬サークルの人たちが人類学者の研究対象としてきたアフリカの部族社会のように、近代西欧的な因果論を支持していないことを知って、安心はしていました。サークルには失敗や損失について制度的にも伝統的にも万能の説明体系があり、そのどこにも個人の責任を問うものを含まないということです。わたしは、呪術師のような調教師の立場に憧れたりはしません——かれらは上手くいけば奇跡を起こしたと、失敗しても責任はとらないと、つねに信じられています——。ですが、鈍足の馬について考えだされた見事な理由の数々、コース状態、レース展開、馬番、距離等、果ては本来もっている能力を出し切れなかったに至るまで、限りない弁明の数々から、わたしも教訓を得られればと思うばかりです。

現代の商業主義にたいする競馬産業の反感には、まことに微笑ましいものもあります。競馬場の幹部グループと話をしていたときのことです。話題は、競馬の面白さを社会に訴えることでビジネスを拡大する方法についてでした。そのうちのひとりがやや驚いた風に反論してきました。「しかし、それで自慢になることかね！」

笑いをこらえて、いいました。「いいえ、こんにちでは〝マーケティング〟といわれていることなんです」しかし、お決まりの謙遜の礼儀よろしく、納得されることはありませんでした。

また別の競馬場幹部たちと全国規模の「案内サービス」について議論しているときです。最寄りの競馬場はどこか、開催はいつか、入場券の購入法等、具体的なことが分からなければ、積極的な広報活動を展開しても意味がないと発言したのです。「もちろん、地元の電話帳を調べれば出ています。ですが電話案内の番号を広告した方がより便利になります……」といいだしたところ、それを遮って、ある有名競馬場の支配人が大きな声で「ウーム、電話帳にウチらが出てるか分らんなあ」といったのです。

それにたいするわたしの呆気にとられた表情で、さらに吟味する必要があると思われたのでしょう、続けて「あるはずだわな。うん、あるんだろう。ただ、競馬場でも競馬の項目のところじゃないだろうな」

現代のレジャー産業が地元のお得意さんを引きつけようとしても、電話帳にしかるべき位置づけができていない事実に驚きましたが、それをグッと抑えながら訊いてみました。「そしたら、どんな職業欄が良いとお思いですか？」

幹部は困ったように眉毛を動かして、「分からんなあ。会議場、そんなものかな？　場内は会議や集会にも使われるし、開催がないときには、そんなものに貸し出している。そうか、それも一理あるな。でも、競馬場の項目にあれば、その方が役に立つだろう」

もはや、相槌を打つのはやめました。配管工がときにパブでアルバイトすることがあっても、やはり配管工と広告を出したほうがよいと忠告しているようなものでしょう。辛うじて、勇気を奮い起こしつつ、頷くだけでした。

それから一八ヵ月して、幹部につぎのプレゼンをするころになると、競馬の世界もだいぶ賢くなっている兆しが見えてきました。それ以前にも競馬事業にダイナミックで野心的な取り組みに熱心、旧態依然な周りにいら立ちを感じていた幹部が少なくないことは知っていました。しかし、このたびは、この新人種が増えていたのです。ですので、ビジネスに関して自分の狭い意見を示さなくてもよかったというわけです。それでも調査結果に基づいて実際的な「推奨」を期待されてはいたのですが、以前に比べて見識の高い聴衆、半数はＭＢＡ［経営学修士］をもつような人たちを前にしては、いささか腰が引けました。サークルの人たちが礼儀をいかに弁えているか軽く見ていたわけではありません。というのも、改革に熱心な新人種たちは、わたしの話に礼儀正しく耳を傾けていましたし、質問もまことに上品な物腰、人類学者に競馬場経営を語る資格があるのかなど匂わせもしない人たちばかりだったからです。思えば、サークルの人たちの流儀に慣れきってしまって、自分たちお抱えの人類学者にたいする扱いがいかに甘いかに気づかざるをえません。じつは、他のスポーツに小旅行を試みたのですが、わたしの専門がいかにリスペクトされているか、これはけっして普遍的、つまりどこでもおなじではないことに、否応なく思い知ったのです。

これまでもお話ししてきた『競馬における企業接待』の研究では、他のスポーツにおける企業接待についても実地観察を含む、いわば「対照試料（比較試験）」のような方法が必要だと考えました。競馬場で開かれている企業接待が、他のスポーツ（ラグビーやゴルフ、クリケット、フットボールなど）でもおなじような催しがあるのか、またその様子について主催者や招待客に聞き取ってみたのです。これによって、スポーツにかける接待の共通性を問う、というより、競馬における企業接待の独自性を際立たせるのが目的でした。聞き取りをした皆さんは、ほとんどが他のスポーツでも企業接待の経験があって、詳しく、かつ正確に様子が分かりました。そこで、自分でも、少なくともひとつくらいは他のスポーツを体験したくなったわけです。

そういう比較をするにはクリケットがうってつけ。それ以外のスポーツでは、レースのあいだに三〇分の間隔がある競馬のように、社交に充てられる時間がないけれど、クリケットなら十分な時間があるだろうと推測しました。もっともゲームそのものは延々と続いているので、さほどの交流はできないかもしれない。結局は、おなじことになるかもしれないとは思いましたが。

クリケットと狙いを定め、レサビー・アンド・クリストファー――企業接待調査の共同スポンサーになってくれたケータリング会社——に手配を頼みました。この会社は、ロンドンのオーバル・クリケット場でも公式仕出し企業になっていたので、マーケティング部の部長スー・アバーマンが、オーバルの上級役員ニック・クック氏に紹介してくれる手はずを取ってくれました。クック氏にはわたしの計画について話し、わたしからの電話を待っているとレサビー・アンド・クリストファー社からいってきました。

わたしは競馬での経験から、呑気に想像していました。クリケットの人たちはもろ手を挙げて歓迎してくれるだろうと。「ああ、そうですか、あなたが人類学者ですか。それは素晴らしい。ええ、もちろん企業パーティーにお客様としてお迎えするよう手配します。どの試合のときに、お出でになりますか?」と妄想。かくして、ニック・クック氏に電話してみました。すると、まずはこの調査の内容を訊かれ、わたしの業績まで問われるほど。ようやく、顧客である企業のオーバルで予定されている、どこにわたしを放り込もうかと思案しはじめました。さらに、人類学者の頼みもしない押しかけ調査に、電話では同意しかねるとまで言い出しました。しぶしぶ打ち合わせにロンドンまで出かける羽目に。

その翌週、ニック氏に会い、参与観察は産業調査ではさほど珍しいものではないこと、企業接待のホスト、ゲストどちらにも迷惑はかけないことなどをよく説明しました。とはいえ、問題はまだ残っていて、適当な企業パーティーを見つけることでした。指定された日にオーバルに行ったのですが、ニック氏は、この日、どの部屋も満席でどの主催者も、わたしの入る余地はないといってきたと、申し訳なさそうにいうのでした。当初、計画したように、あるパーティーで一日ずっと張りついているのではなく、あちこちの部屋を回るようご案内することしかできないというのです。自分としてはその解決策で十分満足。そこでニック氏はわたしを連れて、「ツアー」に出発し、最初の部屋で主催者に紹介されました。ニック氏には一時間後に迎えに来てもらうことに。

ところが、これが戻ってこないのです。二時間して、ホストのピーター・キンガム氏や招待客たちとまだ話をしていましたが、心配になり始めました。キンガム氏は時間のことは気にしないようで、さらに三〇分経って、「まことに申し訳ございません。ニック氏に何があったか分かりませんが、もうだいぶ前に、わたしのことを迎えに来ることになってたんです。つぎにどこへ行ったらよいかも分かりませんし、チョッと行って探してきますわ。事務所にはいるはずですし……」と。

キンガム氏はそういう言葉を遮って、「いや、いや、ここにいてくださってけっこうですよ。お出でになるお考えなどなさらずに」と、騎士道精神に満ちた返し。ですが、こちらはまごつくばかりで、ケータリング業者が昼食を運び込んできたのをきっかけに、もう一度、行方知らずのニック・クック探索に行くとキンガム氏に申し出るしまつ。

しかしながら、キンガム氏やその同僚、ゲストたちがこぞって留まるようにいってきかず、さらに、食事はブッフェスタイルだから人数が増えても支障はないともいってくれます。

こうして、心ならずも、そこに居続けることにし、それでも、余計モノと思われたくなかったので、何か手伝いでもしようとしました。見ると料理を運び、並べるスタッフが少ない。食事につきもののワインをサーブする人間がひとりもいないことに気づきました。キンガム氏にそのことをそっと告げ、栓を抜きグラスに注いでいただければ、わたしが皆様にサーブして回りますと申し出ました。皆、人類学者がウェイトレスに変身したことにたいそう面白がってくれて、食後にも、ポート酒やブランデーのトレイを運びまわりました。こうした行動で、部屋全体がわたしのことを愛らしい人間と思ったようで、クリケットについてはまったく何も知らないことさえ、許してくれたようでした。

一日が終わるころ、クリケットファンの行動に関してかなりのことが分かりました。それでも、競技そのものについてはほとんどダメでした。わたしは、どのスポーツについてもどうでもいいような情報ばかり理解する技はあるようで、いつも些細なことに好奇心をそそられてしまうのです。このクリケットでも、気の利いた質問をするのではなく、「あのヘルメット二つ、どうしてグラウンドに置いてあるんですか？　ボールがあれに当たったら、どうなるんでしょう？」なんてことを訊いてしまうのです。訊かれた人は、やや驚いた様子で説明してくれました。選手がヘルメットをあそこに置くのは、ピッチの端まで持って行きたくないので、意識してやっているのです。ボールが当たったら——ほとんどありえないし、自分では見たことがないが——相手チームに五点入る、ということでした。

一時間後、たまたま見ていたら、ボールがヘルメットに当たって、思わず大声をあげてしまい、「あら、まあ！　向こうのチームに五点入ったわ！」

そのとき話していた客たちは、即座に訝しげな顔になり、「ちょっと待って、クリケットのことは何もご存知ないって、仰ってましたよね。そのこと、どうして知ってらっしゃるんですか？」と。他の人たちも口を揃えて、「わたしたちを担いでいらっしゃったんだ！」といいます。もちろん、何も知らないと言い張りましたが、結局は、ヘルメットのことを教えてくれた人に、わたしがそれを知ったのはほんの一時間前だと援護を求めてしまいました。わたしが「隠れ」クリケット専門家でないことを言い添えて。わたしはスパイのように思われたのかもしれません。隠すものなどないときには、いつも正体を明かすようにしています。

かくして、クリケットを比較対象にしようという「対照試料」の試みは、全体としてうまくいきました。クリケットの試合と競馬と、企業接待に違いがあるのか知りたいと思ったことは達成できました。企業関係者のあいだで社交を深めようとする点では、どちらも効果を上げている。ただし、クリケットではゲームそのものに多少は知識が必要で、競馬ではファンでもない人にも開かれていると見て取れました。

当初、競馬とクリケットと比較できるのは、クリケットにも競馬にある三〇分の間に社交ができるような時間があると仮定したわけです。ところが、この仮説は間違っていました。わたしがピッチを見て、何も起こっていないと思ったのにたいして、クリケットファンは、そのおなじ光景を見てそこに数々のドラマを観ているのです。であれば、クリケットに強い関心をもつファンはゲームを観つつ、どうして友人、仲間と社交するのでしょうか。

企業接待の客たちも、皆さんクリケットファンでした――クリケットに関心のない人間を招待するなど狂気の沙汰だとさえホストはいってました――。それに企業招待でクリケットに来るのに慣れていて、一方の目でゲームを見ながら、仲間との会話もする技に長けているのです。でも、こうすると、皆さん少しばかり首がこわばったような、奇妙な姿勢になります。わたしはすぐに気がつきましたが、どうにも説明のつかない姿勢です。わたしたちとの会話に注意を寄せているように見えた人が急に話を止めて、歓声を上げ、拍手したのです。その拍手も、じっさいにゲームを観ていてそうしたのではなく、他の人たちが拍手したので、それにつられたのだろうと思ったのです。ですが、よく見ると、「真似をするには」時間のずれが短すぎる。周りの人たちは、たえずゲームのことを目の片隅で慎重に観ているのがはっきりしてきたのです。これは、いささか気になるところで、とくに企業接待できていたクリケットファンは、この分裂した注意力――ゲームと会話を同時に注意している――を、最大六時間も維持し続けていると知ったときにはおおいに感心しました。昼食やお茶の時間を考慮しても、この「分割スクリーン」にかける精神力は驚異的と思われます。

そのことを周りの人たちにぶつけてみると、ほとんどの人はその通りといい、ふつうの観戦ではなく、初めて招待客としてきたときには、社交とゲームと両方に注力するのは難しかったと答えました。ですが、「いまは慣れてしまった」と。こうしたパーティーに慣れ切ったベテランのなかには、「分割スクリーン」に意識を払うことはもうないと――第二の本性になってしまっているという人もいました。

クリケットファンの行動に関心をもったものの、「自分のサークル」に戻って来てみると、何かホッとしているのを認めなくてはなりません。「自分のサークル」だなんて言葉を使いましたが、多少のおののきを感じています。というのも、人類学者が自分の研究対象にしている部族、サークル文化を「わたしの仲間」などというのを聞くと、それは傲慢、気取りのように思うからです。とりわけ、「野外での」あるいは「これこれの人たちのなかでの」調査から、現代の工業化西洋世界に戻ってきて、げんなりする「カルチャー・ショック」を受けたなどというのを耳にすると、とくに感じるわけです。わたしが「自分のサークル」と競馬サークルのことを書いたとき、そこには自分への皮肉な意識で格好をつけています。これは競馬サークルとの関係とか同化の程度とかについて傲岸な考えのあることを示そうというわけではありません。

人類学者のなかには、調査をしていた部族の長から正式に「受け入れられた」人もいます。その加入儀式のことや名誉を称える祝宴、洗髪や足指装飾の儀礼などを誇らしげに語るのです。しかし、こうした話は決まって研究セミナーや大学の談話室でなされるのです。つまり、「わたしの仲間」に深い愛着がありながら、受け入れられた「部族人」から戻ってきた場所でなされるというわけです。言い換えると、悪に満ちた現代文明の罠を捨て去り、はるか彼方の泥小屋に永住の地を見つけた人類学者などほとんどいないのです。そういう人たちが現れるまで、その感傷的な異議申し立ては、割引いて聞くことにします。

そう胸を張っていったものの、わたしも、競馬サークルについてはいささか感傷的になることもあります。二冊目の調査報告を出したとき、『レーシング・ポスト』は、わたしのことを「盟友（ally）」

と表現しました。「ケイト・フォックスに、競馬サークルは価値ある盟友を見つけた」とデイヴィッド・アシュフォースは書きました。いやな感じはしませんでした。内部に関わったものとしては、これを目にして数日間は、多幸感で頭がクラクラしました。わが内なる観察者は、サークル人が「盟友」という言葉を使ったのは、わたしが、報告書で公平性や科学的客観性を示さなかったこと、またサークルの人たちには満足だが、冷徹で厳正な見方を表さないで、バラ色の画像を描いたからだと難癖をつけてきました……ここで、その内なる声に耳を傾けるのはやめました。内なる観察者には心がないのです。

わたしは、これまでにサークルを描写するうえで、過剰に思い入れすることはなかったと思っています。ただ、逆は真なりで、サークルの人たちはわたしを評価するうえで、甘すぎるところがあります。これは、テレビ・クルーの見方に現れていました。最近、チェルトナムで一日かけて、わたしとサークルの様子を取材に来たのです。かれらは、かなりの尺でわたしにインタビューしたり、競馬場をさも調査しているかのようなわたしの映像を撮ったりしていました。さらに、騎手や調教師、役員、メディア関係者にも、わたしの報告書についてインタビューしていました。ようするに、お為ごかしの褒め言葉を抑えて、チョッとした反論を期待し、わたしの分析への反証を見つけようと関係者に当たっていたわけです。

「でも、彼女（わたしのこと）は、あなたのことを呪術師と呼んだんですよ！」と、スタッフは、学者にたいするごく普通の疑念すら表現できない、有名調教師に向かって声を張り上げました。「いったい、それについて、どう思いますか?」調教師から反論が期待できないと分かると、騎手におなじ質問を仕掛けます。今度はやや丁寧に、「ご自身のこと、勇敢な戦士と思われたこと、本当にありますか?」と。

「そうですねえ、それについては分かりません」と騎手は上品に、かついくぶん困ったような笑いを浮かべながら答えました。

「でも、ぼくたちは一介の兵士にすぎないとは思います」

騎手はさらにつづけて、わたしの報告書を読んで、気に入ったこと、また、戦士という譬えも騎手の直面する危険やリスクを考えれば、語感ほど奇抜なものではないといった趣旨のことを話していました。編集されて、オンエアになった映像では「そうですね、それについては分かりません」の後は、しっかりカットされていました。その部分は、哀れプロデューサーがわたしの仕事にたいする反論を展開するうえで、もっとも抑え込んでおきたかったところだからです。

「自分のサークル」による誠実な支援には嬉しくなってしまいましたが、プロデューサーには多少すまない思いです。わたしの報告についていささか論争を起こしてやろうというのが彼の仕事だったわけですから。わたしに甘い意見より、バランスを取るような発言を意識して撮りたかったのです。もう少し時間があれば、反対意見を見つけられたでしょう。サークルの全員がこぞってわたしに賛成するなどという幻想はありません。ただ、異論のある人も礼儀を弁え、発言しないだけです。

一方、学者、研究者というのは競馬人ほど礼儀のある人は、だいたいいません。お互いの研究成果を批判することに躊躇いがないのです。知る限り、わたしの調査報告がまだ口汚い批判に晒されていないのは、わたしが競馬という特殊な文化に学者として初めて関心をもったからでしょう。それに競馬場で独自な調査をしたことのない人が、わたしに議論を挑むのは難しいと思います。

調査報告が出た直後、国際的な調査機関のトップで、よく知られた研究者であるレイ・ヴァンプルー教授から、報告書を頒けてほしいと手紙があり、その後、組織で講演してほしいからとわざわざオックスフォードまで来られました。嬉しい半面、懸念をして、自分はそのような高名な集まりに出られるような資格はないと申し上げました――関係者には、数々の業績を上げた人たちがいるだろうし、著名な大学で講義をしている人も、大部の著作一覧を有している人も、少なくとも博士号の一つや二つある人もいるでしょう。

そういうことはまったく的外れだとヴァンプルー教授は仰り、さらに、わたしの報告が気に入った、わたしの資格は十分すぎる以上だと続け、さらに、イギリスの競馬ファンの行動についてわたし以外に調査をおこなった者はいない、だからこそ選択の余地はないとまでいってくれたのです。わたしは競合者なしにこのテーマに関して世界的な専門家になってしまったのです。このことは、優れた学者というのは、たとえわたしがつまらない人間だとしても、その説には誰もが聞く耳をもつべきだといっているわけです。教授は何をいってもまったく意に介さず、結局、わたしもその趣旨を受け入れることになりました。

この招きを受諾したことが、わたしの貢献とは別に、良き判断であったことが、その後、分かりました。他の後援者のひとりが、オーストラリアの競馬ファンについて素晴らしい報告をしたのです。話の内容は、イギリスの競馬場を「浄化する」危険にたいするわたしの心配を裏づけるものでした。まず、大群衆が押し寄せた、わずか数十年前のオーストラリアのみすぼらしい写真を示し、次に、貧相なところを除去し、ピカピカの「家庭を大事にする」最近の同競馬場の、元気をなくすような写真を出して、その比較を明らかにしたのです。もっとも新しい風景には、ほとんど人影のないスタンドが写っていました。

競馬場を奇麗にしようという過熱した動きは、競馬の魅力を大衆へ訴える、そのアピールを減退させるひとつの要素でしょう――テレビや他にもさまざまな悪魔的な要素も非難されます――。オーストラリアの写真は警告のように写りました。ピューリタン的な排除、浄化の行きすぎは、競馬の魅力に深刻な打撃を与えます。競馬の魅力とは、ある意味、禁断の果実のようなところがあり、禁じられた快楽に惑溺する感覚なのです。

オーストラリアでの研究は、そこで調査したことのないわたしがどうこういうのは公平さに欠けるでしょう。ですが、会議で出された証拠は、世界的に広がっている社会文化的な方向転換について、イギリスで見ている傾向と一致します。こうした国際的な観察は、社会問題調査センターの主要な活動のひとつです。そこでは、ピューリタン的なイデオロギーがアメリカからオーストラリアに「輸出」されていることに、たえず注目しているのです。イギリスやヨーロッパ諸国もアメリカの新ピューリタニズムや新自制主義の影響を受けていますが、オーストラリアは急速かつ熱心にこうした理念を受容しています。

そうした傾向に初めて気がついたころ、何かヘンな感じがしたものです。というのも、オーストラリアの人たちは独立心があり、強い精神の持ち主だと、つねづね感心していたのです。そういう人たちが、アメリカの文化帝国主義から押しつけられる狭量な態度を無条件に受け入れるなんてことはないと思っていたわけです。ようするに親の権威にたいする若者風の拒絶を独立精神と取り違えていたことに気がついたのです。オーストラリアは、反抗する一〇代のようにイギリスや旧世界の影響にあからさまに反抗する一方で、新世界仲間からの影響にたいしては、ひじょうに受け入れやすくなっている。オーストラリアにとって、アメリカはモデルであり、アメリカがピューリタニズムを鼓吹すれば、オーストラリアもおなじことをする、一〇代の「反乱」のようにオーストラリアは流行の献身的な追従者なのです。

こんにち、アメリカがなぜにかくも小うるさいほどに不寛容になったのか、説明するのはそう容易ではありません。若者のなかには——若い国家も——敬虔で道徳心のある段階に進むものもいる。そこには、菜食主義ダイエットにはまるものもいれば、親の退廃的な生活に不満を抱くものもいる。この段階が長々と続くこともありますが、自分探しの自然な過程の一部でもあります。

けれど、これも、やや単純化しすぎの説明ではあります。いま起こっていることを、一九六〇年代の終わりころ、予測できたかもしれません——実際、賢明な少数の人は予測していました——。一九六八年、ハーヴェイ・コックスというハーバードの神学者が、当時の理想主義的な「政治活動家」は不寛容でピューリタン的傾向があると警告し、この人たちは成長し力をもってくると、挑戦の相手としていた指導者とおなじように傲慢な独善と権威主義を示すようになるだろうと忠告したのです。この手の人たちは、社会改革への分かりやすい熱意を抱き、快楽的な放縦、歓楽、お祭り騒ぎといった人間の自然で基本的な欲求を抑圧しようとしたのです。そして、いまやかくのごとくなったというわけです。

注意していないと、競馬やその他、放縦な余暇は、プロテスタント的な倫理観によって無益なものと判断され、災厄のひとつとなってしまいます。度を越した余暇は、じっさいに禁止はされないものの、規則でがんじがらめ、見る影もなく浄化されることになります。競馬場もあちこちに「〜してはなりません」「〜は禁止です」「注意」といった貼り紙、掲示物、看板で溢れかえっています。ブックメーカーは衛生的なプラスティックのブースに押し込められ、格好の良い現金箱を使い、きれいな紙の馬券を発行します。客が自分を失って訳の分からない行動をするのに備えて精神カウンセラーも常駐するという。まことにもって、競馬場へ行くのはワクワクするものの、おおよそガーデニングセンターや子どもの学芸会に行く程度のものになってしまっています。

たぶん、少しばかり大げさになってますね。ですが、リスクにたいする反感、安全信仰、快楽追及のプレッシャーなどは現代社会の典型的な光景だと見ているのは、わたしが初めてではありません。イギリスでは、こうしたイデオロギーに抵抗する数少ない場所が競馬の世界なのです。ピューリタン的な小市民道徳の影響には、強い普及力がありますが、競馬サークルがこれに屈するところなど見たくありません。競馬文化にある伝統的な自由の気風、これを脅かしかねない可能性については、ポートマン・スクェアの役員やサークル幹部たちに注意を促しています。ＢＨＢの宣伝部長ピーター・ベル氏とは懸念を共有していますす。そして新たな調査報告について議論を重ねてきました――「競馬サークル∴次世代に向けて」などと大げさなタイトルをつけましたが――。これは、イギリス競馬の将来に関わりそうな社会文化的な傾向予測に焦点を当てています。アフリカの部族社会には、たいてい公認の予言者がいます。鶏の内臓を解読して予言するのですが、そういう人間がいないところで、サークルお抱えの人類学者がこの役割を担ってはならない理由はないと思います。ただ、これには前例などないことは認めなくてはいけません。ですが、人類学の長い歴史のなかには、研究対象の部族において、非公式の外交スポークスマンだったり、広報担当などの役割を果たしてきた研究者もいました――少なくとも部族の文化や慣習などをよく理解し、敬意を広めようと誰もが展開したことは確かです。そうした支援の役割という点で、わたしも競馬社会の一助となればと思っています――それを観戦に行く口実にしたりして。

この広報外交の役を負って、最近、ウィンザーであった月曜薄暮開催に行きました。目的は、企業接待を仕切るエージェント・グループへの講演でした。企業接待をいかに企画し、実施するかが内容でしたが、わたし自身にとっては記念日的な意味がありました。というのも、開催日のフィールドワークで初めて訪れたのが数年前の五月の第二月曜日、ウィンザー競馬場だったからで、この日、まさに同月同日同曜日だったからです。ときを経て、再びここを訪れたわけです。

気持ちも新たに、自信をもってゲートを抜け、事務室に立ち寄って場長に挨拶。そこで出走表をもらい、この日の各委員に知った名前があるかチェック。つぎにパドック脇を通って検量室に向かう。ここで、はたと気がついたのです。自分は無意識におなじ行動をしている。競馬場に来るたび、サークルの「コアな」メンバーのように、本能に導かれるようにおなじところを経巡って、この検量室に来てしまったと。

つぎにはどうするかもはっきり分かっている。競馬場の神経中枢で、検量委員の座るテーブル隅に腰掛け、脚を組み、各委員やメディア関係者たちと冗談や情報を遣り取りすることになる。騎手たちが第一レースの前検量を始めたのをしおに、この日、最初の「巡回」に出てゆく。まずはパドック、投票所、メインスタンド、ウィナーズ・サークル、バー、レース後のお定まり、出走表のチェックと進む。「つぎのレース、どれに賭ける?」「あの馬じゃ、このコース状態だと、二マイルはもたないだろう」「この相手ならはるばるヨークシャーから、あの馬を連れてくることもなかったんじゃないの?」そして、またパドックに戻り、巡回儀式を繰り返す――そうでなければ、誰かの部屋に行って、サークルの様子について話をすると。

思えば、初めてここに来たころは、ことごとくが未知のことばかりでした。スポンサーになってくれたBHBのリー・リチャードソンがウィンザー競馬場のあちこちを案内してくれているあいだ、周りのファンたちが話すのはまったく判読不能な言葉ばかり、行動も不思議な動きに満ちていました。こちらはリーの話に頷いたり、笑うしかなく、自分の競馬知識がディック・フランシスの小説だけだったのを知られまいとしていました。ところが、いまや競馬文化や習慣の公的な専門家となり――このテーマで、また講演に行こうとしているのです。とにかく大事なのは、友人、知人がたくさんできて、自分がこの文化の一員になっていると感じたことでした。競馬サークルの人類学者として、また、皆さんの外交担当になりたいとも思っています。会議室へと駆け上がり、ノートをチェックして講演準備を整えました。

そのあと、パドックに帰る道すがら、この仕事をやるきっかけとなった嬉しい言葉、「すばらしい」を内心で繰り返しました――ウィンザーに初めて来たとき、ジョッキー・クラブの役員からもらった言葉でした。「すばらしい、人類学者ね、すてきなことだ。頑張って！」

訳者端書

本書は Kate Fox, *The Racing Tribe: Portrait of a British Subculture* (New Brunswick, Transaction Publishers, 2009) の全訳です。著者のケイト・フォックスはイギリスの社会人類学者。すでに邦訳もあるから、ご存知の方もいるでしょう。『イギリス Pub ウォッチング』(*Pubwatching with Desmond Morris*, Gloucestershire: Alan Sutton Publishing Limited, 1993) 林望訳、平凡社、一九九五年。『イングリッシュネス』『さらに不思議なイングリッシュネス』(*Watching the English: The Hidden Rules of English Behaviour*, London: Hodder & Stoughton, 2004) 北條文緒・香川由紀子訳、みすず書房、二〇一七、二〇二〇年)。他に *Passport to the Pub: The Tourist's Guide to Pub Etiquette*, SIRC, 1996.

著者は、現在、社会問題リサーチセンター (SIRC=Social Issues Research Centre) の共同ディレクターとして、長年にわたるアフリカなどのフィールドワーク経験を生かし、イギリスの社会問題にさまざまな提言をしている。文化研究、社会評論の研究者である。

本書の原題は直訳すれば、『競馬部族』ということになろうか。競馬社会の「見立て」としてはうってつけの語彙といえる。というのも、競馬に関わる人びとは、社会的にはきわめて特殊、ひとつの異世界を形作っている。一言でいえば、「職能集団」である。それぞれが特異技能で関わっているという意味でもあるが、それでいて不統一というのではなく、しっかりと結びつきをもっているところに特殊さがある。多くの人びとを結びつけている最大公約数、共有する交点こそが「馬」にたいする親愛にほかならない。とにかく、みんな、馬が好きなのだ。

馬が日常生活の必需でなくなった現代社会において、なおさらその異色さにケイトさんは触発されたのだろう。自身、みずから馬を飼養し、乗馬をよくすることがあっても、競馬にはことさら関心があったとはいえないようだ（ましてや馬券などは考慮の外）。つね日ごろ、馬を見かける機会の珍しくないイギリスでも、競馬の世界は一般社会とは違っている。とりわけ、そこに生活の場を得ている人びとは、「ムラ社会」を否が応でも形づくる。まさに「部族社会」なのである。

ひるがえって、日本の競馬人も自らを「競馬サークル」と自称している。事情はイギリスのそれとまったくおなじである。ただし、日本では主催者が物的、人的管理をおこなうだけでなく賭事をも統括するという、イギリスとは異なる仕組みになっているだけにいささか複雑な心理に置かれている。それが「サークル」という言葉遣いに微かに見える。とはいえ、スターホースや人気騎手が現れたことにより、社会的な認知度や寛容のほどはかつてとは比べられないほどに変化した。いまや大衆を引きつけるスポーツ、娯楽として確固とした位置を築いているのだ。

「サークル」のもう一つの意味は、競馬に関わる人たちが、いずれも一般社会では見られないような技能をもっているということ。かつては農耕用や軍用で一般社会と融通があったものの、いずれも衰退した現代においては、どうしても一線を画さざるを得ない。それだけに、逆の効果として、長年にわたり蓄積してきた技量は驚異的で、まことに類稀な「技能集団」なのである。ちなみに、日本の「競馬サークル」には、馬丁をはじめ調教師、調教助手、騎手、厩務員、装蹄師、獣医師、生産牧場・育成牧場各関係者、競馬メディア、日本中央競馬会・地方競馬全国協会および関連団体各役職員など、中央・地方合わせて約二万余の人びとがいる。

とまれ、これが書名に「競馬サークル」を付けた理由にほかならない。原書を一読して、直感的に、なんの迷いも衒いもなく付けたしだい。ただし、各章のタイトル、「戦士」や「呪術師」といった語は、原著の見立て、比喩を生かすことにした。

お読みいただければわかるように、ケイトさんの立ち位置は人類学者のものであり、その方法論、目的意識に基づいて人間観察したと。ケイトさんにとって、競馬はあくまでもケース・スタディ、応用問題を解く手段で、それにより同胞イギリス人、さらには人間一般の心性、精神を捉えようとするところに真の目的があったといえる。理論にはしらない言辞はジャーナリスティックな姿勢の顕われであろう。競馬のテーマにはつきものの、馬名や賭事のことがほとんど出てこないのもその証です。

もうひとつ、ケイトさんのお考えがはしなくも顕われているところ。United Kingdom of Great Britain and Northern Ireland が正式な国名、UK がその略称であることはご存知でしょう。そして、ブリテン島のなかにスコットランド、イングランド、ウェールズの各地域が入っている。競馬場はスコットランドに五ヵ所、ウェールズに三ヵ所、イングランドに五一ヵ所、そして北アイルランドに二ヵ所ある。しかし、本文中に添えられた地図を見ても、スコットランドやウェールズとの境界線も、剰え北アイルランドさえ示されていない。どうもケイトさんにはそうした政治的な感覚、配慮は薄いように思われる。本文中でも、地域を意識的に区別するような表現は見られなかった。それもあって、国名については、いささかルーズとは思ったが、「イギリス」で通すことにした。いうまでもなく、「イギリス」は「イングランド」を由来としており、論評の多くは、地域をはっきりとするさいには「イングランド」を、全国を意識するときには「英国」とする場合が日本では多いように見受けられる。

本書ははじめ一九九九年にMetro Publishing Ltd. から出版され、その後、二〇〇五年に版元を替えてTransaction Publishersから出版されることになった。今回の底本としてはこの版を元にした。この版にはアメリカのラトジャーズ大学、人類学教授のライオネル・タイガー氏が前書きを寄せている。タイガー氏はケイトさんの父君で人類学者のロビン・フォックス氏とも関係深く、ＳＩＲＣのアドバイザーを務めている。

末筆になったがひとこと、書肆代表の高梨治氏には今回も格別のお世話になった。これで五冊目になる。いつもながら信頼あふれる進行ぶりで快く進捗できました。深謝申し上げたい。新生書肆の前途祝す一助になることを願って。

弥生の陽光を受け

山本雅男

索引

※競馬場、地名などの事項と人名を五十音順に示した。

【事項】

◉ア行

アイルランド　5, 157-165, 181, 186-187, 225, 265
アスコット（競馬場）　4, 11, 17, 21, 24, 26, 28, 61-62, 111
アメリカ　13, 139, 202, 246, 289-290
アラビア　82
イギリス　3, 5, 24-28, 31, 36, 47, 64, 67, 78, 82-83, 119, 122-123, 125, 135, 153, 157-161, 164-165, 171, 176-177, 186-187, 235, 246, 268, 288-291
イギリス・ポニー協会　47
イタリア　5, 163-164
インド　158
ウィリアムヒル　128
ウィンザー（競馬場）　26-28, 66, 155, 292-294
ウィンブルドン　196
ウェザビーズ　70-71
ウォルヴァーハンプトン（競馬場）　28, 62-64, 145
英国競馬公社（BHB）　4, 24-25, 41-42, 66-67, 107, 114, 117, 194, 267, 272, 292
エイントリ（競馬場）　28, 49, 81, 255
エプソム（競馬場）　24, 27-28, 50, 107, 137

エボラクム　189
MBA　278
オーストラリア　288-290
オックスフォード　143, 255, 272, 288
オーバル・クリケット場　279-280

◉カ行

カリフォルニア　23
北カメルーン　125
クィーンズ・スタンド　137
クィーン・マザー・チャンピオンチェイス（クィーン・マザー）　259, 262
グッドウッド（競馬場）　28, 50-51
グランド・ナショナル　48-49, 207, 254-255
グレイハウンド　130
グローリアス・グッドウッド　50-51, 232
ケンプトン（競馬場）　27-28, 58
ケンブリッジ　13, 74, 251
コチティ族　12-13
ゴードン区域　160
コーラル　128

◉サ行

サンダウン（競馬場）　27-28, 192
シエナ　5, 163
社会問題リサーチセンター SIRC　16, 21-22, 53
シャーミット　24, 32
障害　26-28, 48-49, 62, 74-75, 78, 81, 151-154, 157-158, 258, 261-263, 266
ジョキー・クラブ　25, 47, 69, 114, 117, 155, 270
シルバーリング席　30-31, 44, 160
スティワード　117-122, 171-174, 191

スペイン　164
『スポーティング・ライフ』　92-93, 272
セリング・プレート　161

◉タ行
タタソールズ席　30-31, 44, 55, 160
ダービー　24, 26, 32, 82, 137, 146, 180-181, 207
ダービー・デイ　137
ダブリン　162
ダブルトリガー　143
チェップストウ（競馬場）　73, 88-89
チェルトナム（競馬場）　27-28, 49-51, 81, 90, 165, 180, 186-187, 286
チェルトナム・フェスティバル　5, 27, 50, 165, 185-186, 262
チャンネル4　46, 224, 273-274
『デイリー・テレグラフ』　67
ドゴン族　252
トート　24-25, 30, 41-42, 51, 63, 107, 111-114, 127-128, 132, 170-171, 195, 223, 227, 231, 234, 275
ドルイド教　94-95
ドルチェ&ガッバーナ　189
ドワイヨ族　125

◉ナ行
ナショナルハント　26, 151
ナバホ　25
ニューベリー（競馬場）　28, 58, 62, 118, 181
ニューマーケット（競馬場）　28, 75, 192, 228, 242, 268

◉ハ行
ハイネケン　254
ハーバード　290

バブアー　153
パリオ　5, 163
パンチェスタウン（競馬場）　162
BHA　47
ファケナム（競馬場）　28, 259, 263
フォートナム・アンド・メイスン　142
ブックメーカー　15, 23, 25, 30, 45, 51-52, 63, 65, 106, 125-133, 170, 180, 216, 227, 231, 260, 273, 291
フランス　251
平地　26-28, 51, 62, 64, 74, 78-79, 81, 151-154, 157-158, 263
ベッティング・ショップ　131
ヘネシー・ゴールドカップ　62-63
ベルサーチ　189
ボーダフォン　207
ボディ・ショップ　252
ボディントンズ　254
ポートマン・スクェア　69-70, 99, 106-107, 115, 117-118, 132, 269, 272
ポンテクラフト（競馬場）　57

◉マ行
マッセルバラ（競馬場）　26, 28
マーテル　208
マリ　252
マルティーニ社　178
南フランス　164
メンバー席　730-31, 44, 55, 61, 64, 160, 189, 196, 221-222
モスキーノ　189
モンフォール大学　16-17

◉ヤ行
ヤーマス（競馬場）　28, 193

ユーロチャンピオンシップ　114
ヨーク（競馬場）　28, 62, 189, 195
ヨークシャー　293
ヨーロッパ　289

◉ラ行

ラドブロークス　128
ランボーン　74-75
リッツ（ホテル）　79
リバプール　254
レインボー師団　251
レサビー・アンド・クリストファー社　250, 279-280
『レーシング・ポスト』　65, 90, 92, 229, 261, 272, 285
ロイヤル・アスコット　17, 21, 26, 62, 128, 195, 232
ロンドン　27, 69, 119, 143, 279-280

【人名】

◉ア行

アシュフォース、ディヴィッド　272, 286

アバーマン、スー　280

アーミティッジ、マーカス　67

ヴァンプルー、レイ（教授）　288

ウィリアムズ、ヴェネティア　137

オースティン、ジェイン　135, 222

◉カ行

カッターモール、マイク　106-108

カーン、ポール（博士）　70, 72, 85-86, 90, 92

キンガム、ピーター　281

クマニ、ルカ　87, 137

コイル＝キャンプ、リズ　228

コックス、ハーヴェイ　290

◉サ行

セシル、サー・ヘンリー　82, 87

◉タ行

ダンロップ、ジョン　87

ディットーリ、フランキー　71, 80, 196, 231, 263

ドウ、ピーター　23, 107, 111, 114-115

◉ナ行

ニコルソン、デイヴィッド　87-93, 97, 190, 273

◉ハ行

パイプ、マーティン　87

ヒギンズ、ロン　142
ピットマン、ジェニー　88, 90
フィッツジェラルド、メアリ　162
フランシス、ディック　17, 24, 69, 293
ブレイク、デレク　268
フロイド、クレメント　92
ベル、ピーター　292

◉マ行

マクマナス、J・P　224-225
マーシュ、ピーター（博士）　3, 15, 32, 137, 191, 228
マックリリク、ジョン　272, 274
モハメド、シェイク（殿下）　82-83
モリス、デズモンド　3, 24-25, 32, 191

◉ラ行

ライト、ハワード　272
リチャードソン、リー　24-25, 66-67, 74, 89, 91, 115, 195, 293
レヴィ＝ストロース、クロード　152, 251
レマリー、ギニー　195
ロバート、モンティ　202

【著者】

ケイト・フォックス

(Kate Fox)

英国の社会人類学者。社会問題リサーチセンター（Social Issues Research Centre）共同ディレクター。社会的な問題行動の調査をもとに社会にさまざまな発信をおこなっている。著書：*Watching the English: The Hidden Rules of English Behaviour* (London: Hodder & Stoughton, 2004) 邦訳『イングリッシュネス』、『さらに不思議なイングリッシュネス』共に北條文緒・香川由紀子訳、みすず書房。*Pubwatching with Desmond Morris*, (Gloucestershire: Alan Sutton Publishing Limited, 1993) 邦訳『イギリス Pub ウォッチング』林望訳、平凡社。

【訳者】

山本雅男

（やまもと　まさお）

1950年生。英国文化研究家。翻訳家。静岡県立大学国際関係学部、日本大学芸術学部を経て、現在、国際ファッション専門職大学教授。日英協会、日本ウマ科学会、日本スポーツ社会学会、日本文藝家協会各会員。日本中央競馬会委員会委員、（公財）ジャパンスタッドブックインターナショナル評議員。著書：『記号としてのイギリス』（共著、南雲堂）、『ヨーロッパ「近代」の終焉』（講談社）、『ダービー卿のイギリス』（PHP研究所、JRA馬事文化賞受賞）、『競馬の文化誌』（松柏社）、『近代文化の終焉』、『英国文化と近代競馬』（以上、彩流社）、『誘惑するイギリス』（共著、大修館書店）、『イギリス文化事典』（共著、丸善出版）など。訳書：『同性愛の社会史』（共訳、彩流社）、『倫敦路地裏犯科帳』（東洋書林）、『英国競馬事典』（競馬国際交流協会）、『エルトゥールル号の海難』（共訳）『チビ犬ポンペイの冒険譚』（共訳、以上、彩流社）など。

イギリスの競馬《けいば》サークル

人類学者《じんるいがくしゃ》の人間観察《にんげんかんさつ》

2021 年 4 月 15 日　第 1 刷発行

【著者】

ケイト・フォックス

【訳者】

山本雅男

発行者 : 高梨 治

発行所 : 株式会社**小鳥遊《たかなし》書房**

〒 102-0071　東京都千代田区富士見 1-7-6-5F

電話 03 (6265) 4910（代表）／FAX　03 (6265) 4902

http://www.tkns-shobou.co.jp

装幀　鳴田小夜子（坂川事務所）

印刷・製本　モリモト印刷株式会社

ISBN978-4-909812-56-8　C0022